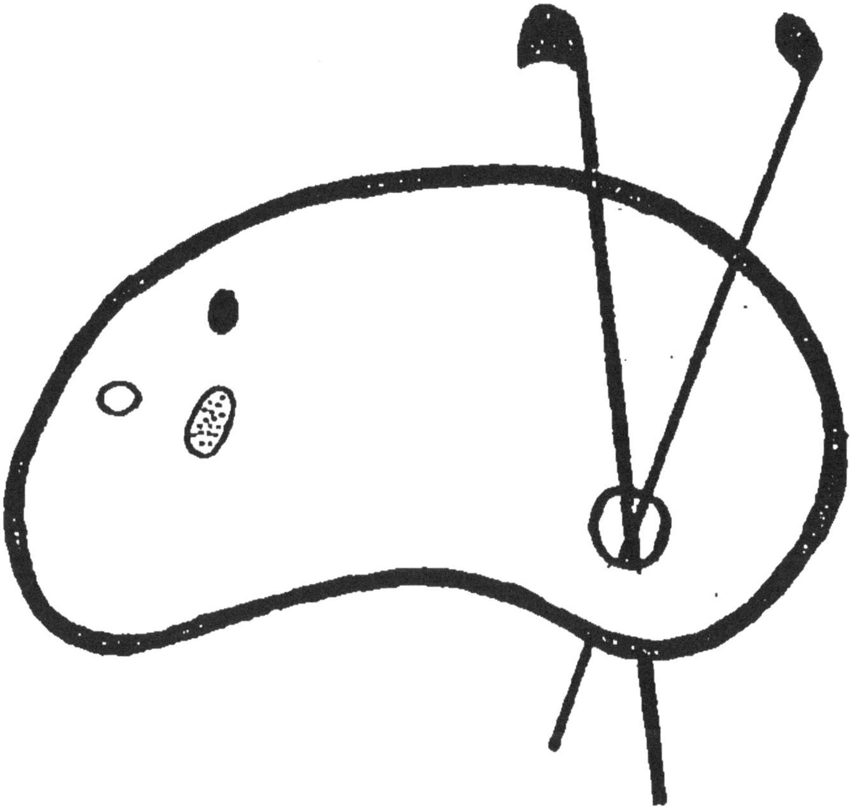

Bibliothèque générale des Sciences sociales

Eugène Fournière

L'Individu l'Association et l'Etat

PARIS FÉLIX ALCAN 1907

XXIX

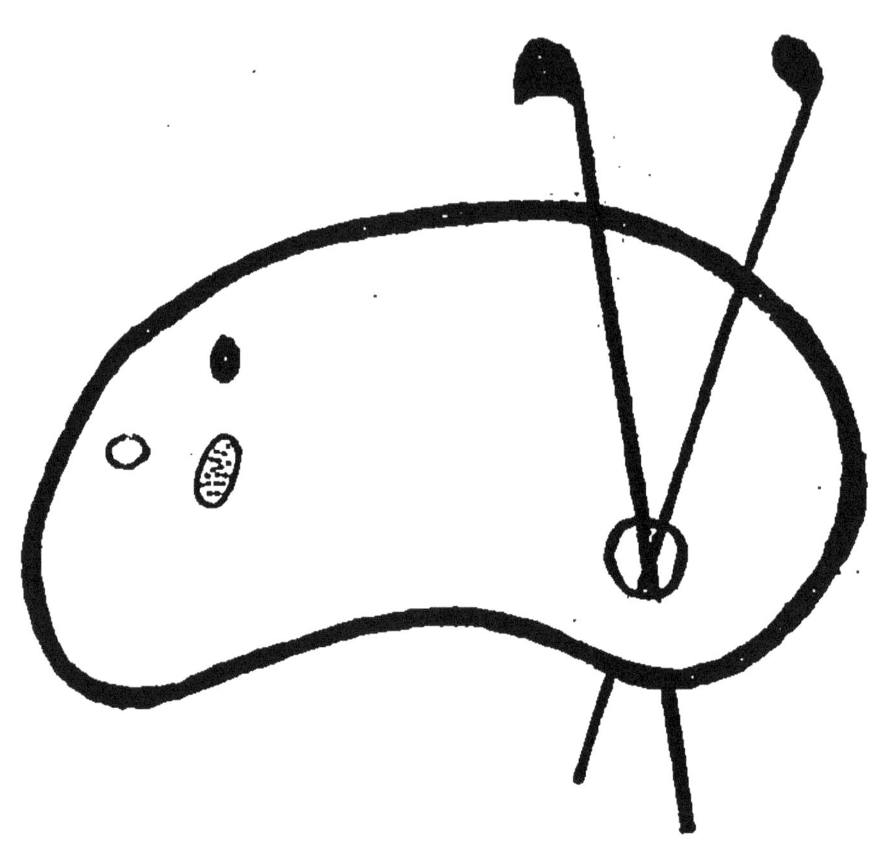

FIN D'UNE SERIE DE DOCUMENTS
EN COULEUR

L'INDIVIDU

L'ASSOCIATION ET L'ÉTAT

L'INDIVIDU

L'ASSOCIATION ET L'ÉTAT

PAR

EUGÈNE FOURNIERE

PARIS
FÉLIX ALCAN, ÉDITEUR
LIBRAIRIES FÉLIX ALCAN ET GUILLAUMIN RÉUNIES
108, BOULEVARD SAINT-GERMAIN, 108

1907

L'INDIVIDU, L'ASSOCIATION ET L'ÉTAT

INTRODUCTION

A mesure que le socialisme se développe dans les États européens, il agit plus fortement sur leur politique intérieure, soit d'une manière indirecte et par sa seule présence, soit même par une croissante participation aux pouvoirs publics. Cette pression commence à gagner la politique extérieure, et on peut déjà y voir pour un avenir prochain un facteur décisif de paix internationale.

Et, en même temps, les partis par lesquels la force nouvelle se manifeste et s'exerce sont travaillés par un double mouvement qui détermine en eux des crises et des déchirements, que seuls des esprits peu avertis peuvent prendre pour des symptômes de décadence. Qu'ils regardent de plus près, ils y verront au contraire le résultat en même temps que le signe de l'avènement du socialisme à l'état de puissance sociale.

Il y a scission entre les éléments syndicaux et les éléments politiques de la classe ouvrière organisée, cela est incontestable. Il y a lutte dans le syndicalisme entre les anarchistes dits libertaires et les modérés dits réformistes. Parallèlement, l'absolutisme révolutionnaire et le relativisme réformiste se heurtent dans le parti socialiste de France, d'Allemagne, d'Italie, dans tous les partis socialistes de l'univers. Même, en France, l'unité formelle et précaire faite récemment a ses dissidents, et c'est par eux qu'en ce moment le socialisme est représenté au pouvoir.

Mais ce n'est pas là un symptôme de retour aux sectes particularistes qui n'avaient de commun qu'un rêve mystique de futur social et divergeaient d'autant plus quant aux moyens de le réaliser qu'elles en étaient davantage éloignées par les réalités actuelles. Qu'on observe de plus près cette scission organique et ces luttes intérieures, et l'on y verra la crise de croissance d'un corps vigoureux qui cherche à mieux s'adapter au terrain et à se créer les organes nécessaires des fonctions nouvelles qu'il doit remplir.

Ces conflits intérieurs attestent en effet une connaissance plus exacte du milieu sur lequel le socialisme veut agir pour atteindre son idéal. La complexité sociale est aperçue enfin par les socialistes les plus clairvoyants et sentie par les autres. Elle donne aux premiers le sentiment croissant de l'impossibilité d'une transformation totale et prompte par l'uniforme et trop simple procédé de socialisation de la propriété au moyen de l'État collectiviste ou communiste. Et, en même temps, elle contraint les autres d'être à leur insu les artisans d'une nécessaire division des tâches, et elle approprie leurs moyens d'action aux modes divers de l'organisation sociale actuelle. Mais ceux-ci, alors, ramènent le tout à la partie ; ils croient opérer sur la société tout entière, alors qu'ils n'en atteignent que partiellement la structure économique sur les points où ils sont en contact immédiat avec elle.

C'est là, pour le socialisme, le danger de cette crise de croissance. Si ses conflits intérieurs ne se résolvent pas par le triomphe du relativisme sur l'utopisme, s'il ne substitue pas la division du travail aux méthodes parallèles et opposées d'action uniforme, son rôle sera terminé avant d'avoir été joué. Et il n'interviendrait plus désormais dans la vie collective que comme un élément perturbateur, d'ailleurs nécessaire par ses incessants appels à la justice sociale, ou encore comme une des mille formes inévoluées du sentiment religieux.

Mais non : il est, je le crois fermement, l'instrument même de la justice dans les rapports humains, et spécialement les rapports de production et de distribution des richesses données par la nature et accrues par le travail. Aussi, cette crise dût-elle épuiser, disperser, décourager toutes les forces et toutes les intelligences qui se sont vouées à son avènement, le socialisme n'en retrouverait pas moins, plus tard et avec d'autres, sa voie, et n'en accomplirait pas moins son destin.

Car il ne peut être emprisonné dans un dogme, ni s'enchaîner à des formules. Il est né, en France et ailleurs, de la philosophie et de la révolution du XVIIIe siècle, et son destin est le même que celui de la démocratie, dont cette ère a marqué le point de départ. La démocratie contient le socialisme, qui n'est pas au regard d'elle une catégorie distincte ou même opposée, comme l'ont affirmé à la légère certains raccommodeurs des thèses marxistes en France, mais un achèvement. La démocratie tend à réaliser le contrat politique, et le socialisme à réaliser le contrat économique. Quand la démocratie se sera achevée en socialisme, et il faut à cet achèvement de bien autres instruments que le simple instrument politique, le contrat social sera réalisé.

Devant, ainsi que la démocratie, son origine aux affirmations rationalistes du XVIIIe siècle, le socialisme a été comme elle un produit de la raison pure interprétant les faits et tentant d'agir sur eux pour réaliser la perfection sociale. A ce point de départ de son histoire, il est cependant assez fortement imprégné de réalisme social pour substituer avec Saint-Simon l'ordre industriel et sa hiérarchie du mérite à l'ordre féodal et à sa hiérarchie héréditaire, et pour chercher avec Fourier à mettre en valeur toutes les facultés de l'individu par l'association. Mais, avec ces novateurs et leurs disciples, le socialisme s'affirme en divergence des principes mêmes qui l'ont fait surgir. Le régime industriel d'autorité et de hiérarchie des saint-simoniens se couronne d'un système religieux et théocratique, et l'association qui groupe dans le phalanstère fouriériste les séries dans lesquelles se partagent spontanément les individus selon leurs affinités et leurs vocations multiples exclut l'égalité comme incompatible avec la liberté qui doit régner dans la future Thélème.

Ces divergences, cependant, ne sont qu'apparentes, et tiennent à la part de réalisme social qui se mêlait à l'utopisme des novateurs. Pour Fourier, le premier des droits de l'homme est le droit au minimum de subsistance, et il nie la souveraineté dérisoire d'un peuple qui meurt de faim. Pour Saint-Simon, l'organisation de la société ne doit pas être abandonnée à l'arbitraire ignorant des masses, mais confiée aux savants et aux industriels. Or, n'est-ce pas, en somme, sur ce double plan que la démocratie se manifeste à mesure qu'elle s'achève en réalité ? Le monde du travail salarié n'emploie-t-il pas la souveraineté politique que lui assure le nombre à limiter, réduire et finalement évincer la puissance arbitraire du capital ? N'est-ce pas à la science et aux progrès qu'elle a fait faire à l'industrie que la démocratie doit une connaissance plus exacte de son pouvoir en même temps que les moyens de l'accroître ?

Les constructions du socialisme primitif contenaient cependant une trop grande part d'arbitraire rationnel et logique pour qu'elles pussent s'édifier sur le terrain social. D'autant plus qu'elles n'étaient pas limitées à la catégorie économique, mais prétendaient constituer un ordre social complet et homogène, dans lequel étaient prévus et satisfaits tous les besoins et tous les sentiments des individus, non dans leur teneur exacte, mais selon le plan rationnel du constructeur social.

La seconde période du socialisme, en même temps qu'elle le rapprochait davantage de la démocratie théorique en mal d'enfantement pratique dans toute l'Europe occidentale, le spécialisa davantage, avec Louis Blanc, Cabet et Pecqueur, dans la tâche de transformation des rapports économiques. Dans la pensée de ces trois novateurs, également inspirés du contrat social, il fallait instituer une démocratie fondée sur la communauté des moyens de production, l'État étant considéré comme l'instrument de leur socialisation progressive. C'était, la méthode insurrectionnelle en moins, un développement du jacobinisme social de

Babeuf et de Buonarrotti son disciple, éducateur et précurseur des communistes révolutionnaires dont Blanqui fut le chef plutôt que le théoricien. De l'égalité sociale, instituée par décret, la liberté naîtrait, une liberté limitée par un conformisme moral et social, parfois religieux formellement, et le contrat social ne serait plus une fiction.

Proudhon clôtura cette seconde période du socialisme. Tout en le limitant avec plus de soin que ses prédécesseurs à la catégorie économique, il se garda d'édifier et même d'ébaucher une construction sociale, même strictement limitée ainsi. Il ne formula pas le socialisme, mais les principes sur lesquels il devait se fonder. Sa critique ruina irrémédiablement les constructions antérieures. Démocrate et juriste, c'est dans la Déclaration des droits de l'homme, c'est-à-dire dans la notion fondamentale du contrat social, qu'il chercha les principes de la démocratie politique et économique. Résolu à ne pas aller à la liberté par l'indirect et aléatoire chemin de l'égalité, il épuisa sa dialectique à résoudre cette antinomie dans le contrat. Il réussit tout au moins à pénétrer fortement d'individualisme et d'économisme les concepts socialistes.

Par Marx et Engels, le socialisme se fonda plus strictement encore sur l'économique. Mais l'idée de la justice disparut sous celle de la force : il ne s'agit plus d'établir un contrat de réciprocité entre producteurs autonomes ou associés, mais d'opposer à la force des maîtres de la production celle des salariés, considérés comme les seuls travailleurs. Marx et Engels fondèrent une sociologie sur le matérialisme historique, qui fait des transformations du mode de production les facteurs de toute transformation politique, morale et sociale. Ils affirmèrent que la lutte des classes formait la trame de l'histoire humaine ; que le régime d'appropriation capitaliste des moyens de production contenait la contradiction qui le ferait éclater ; et qu'au capitalisme, incapable de maîtriser autant que de conduire les forces qu'il avait déchaînées, succéderait un régime de production communiste. Pour hâter cette catastrophe historique, ils appelaient à s'unir les travailleurs de tous les pays en parti de classe.

Surgissant au moment où la science positive conquérait l'empire des esprits, et où Darwin montrait dans l'ordre biologique la lutte pour la vie que Malthus avait proclamée dans l'ordre économique et social, le matérialisme historique eut la fortune qu'il méritait, indépendamment de sa valeur sociologique intrinsèque. Comme ses auteurs appelaient les travailleurs à l'association pour la lutte, tirée ainsi du plan individualiste où l'avaient laissée les économistes, théoriciens de la lutte de chacun contre chacun, leur application pratique de la théorie en complétait heureusement la formulation. Ils avaient beau écarter l'idée de justice dont Proudhon fut le héraut, négliger et même railler les forces de sentiment auxquelles les socialistes français avaient en vain fait appel jusque-là, cette idée et ces forces étaient au fond même sinon de la théorie, du moins des conséquences pratiques qu'ils appelaient les travailleurs à en tirer.

Par Marx et Engels, donc, le socialisme eut un fondement purement économique, du moins en apparence, et de plus il fut appelé à être le contenant de tous les modes de l'activité sociale, à donner la clé de toute évolution progressive dans chacun de ces modes, évolution désormais subordonnée à la transformation économique. En sorte que, tout en étant une solution du problème économique, il se réinstallait dans les esprits qui lui donnaient leur adhésion en fonction de religion sociale, puisqu'il détenait la solution de tous les problèmes sociaux : développement de la culture intellectuelle et esthétique, culture des sentiments affectifs rendue possible sans sacrifice, émancipation sociale de la femme par suppression de l'autonomie économique de la famille, paix perpétuelle entre les nations, réduction de la criminalité à la pathologie, etc. Armés de cette doctrine qui les groupait entre semblables, donc égaux déjà réellement, les travailleurs salariés, en qui agissaient avec force le sentiment de solidarité de classe et celui de la coopération pour la lutte, s'organisèrent pour la conquête ou plutôt pour la transformation du monde. Tout en les opposant à la démocratie politique, dont le socialisme est le complément économique et social, Marx et Engels leur recommandèrent d'entrer sur le terrain politique, d'utiliser les libertés politiques conquises par la démocratie et de l'aider à en conquérir de nouvelles. Ils reconnaissaient ainsi au socialisme son caractère d'achèvement de la démocratie.

Parmi les socialistes, il en fut qui recueillirent l'appel de Karl Marx, mais ne se résignèrent pas à étouffer en eux l'individualisme contractuel qu'y avait semé Proudhon. Ils exprimèrent en anarchie pratique son fédéralisme et son an-archie théoriques et, le romantisme de la phrase accélérant le dérèglement d'esprits peu informés des conditions réelles du milieu social, il exista autant de modes de penser le futur social que de cerveaux anarchistes. Cependant deux dominantes demeuraient intactes : le groupement des travailleurs en parti de classe, la transformation de la société capitaliste en société communiste. L'instrument de la conquête était forgé et le but indiqué. Mais il y eut désaccord fondamental entre les socialistes et les anarchistes sur l'emploi qui serait fait de l'instrument. Les premiers voulaient procéder par la conquête des pouvoirs publics, légalement ou révolutionnairement, quitte à détruire l'État dès qu'on l'aurait fait servir aux transformations voulues. Les seconds entendaient combattre l'État du dehors, non pour le conquérir, mais pour le détruire et lui substituer le libre groupement des individus par affinités et par catégories professionnelles. Ceux-ci, aujourd'hui, ont pénétré dans les syndicats ouvriers et les ont fédérés professionnellement et régionalement ; et ils poursuivent, en divergence des socialistes, le but indiqué par les auteurs du *Manifeste communiste*.

Mais, dans le socialisme politique, une observation plus attentive des faits sociaux persuade un nombre croissant d'esprits de l'impossibilité d'opérer par des moyens purement politiques une transformation économique aussi profonde que celle qui tend à donner au producteur le fruit intégral de son travail. Ceux-là ne peuvent se résigner à attendre que l'évolution de l'outillage industriel ait centralisé en un petit nombre d'entreprises anonymes toutes les forces de production, ni que le mode d'échange se rebellant contre le mode de production amène automatiquement la catastrophe, ni que le collectivisme des actionnaires constitue au préalable et complètement le cadre où s'installera le collectivisme ou le communisme des producteurs par l'État arraché aux mains de la bourgeoisie capitaliste et confié à la « dictature de classe du prolétariat organisé ». Ils ont observé en effet que les thèses marxistes, qui ont eu pour elles toutes les apparences de vérités scientifiques, c'est-à-dire d'observation, au moment historique où elles furent formulées, sont contredites aujourd'hui par le mouvement économique même des sociétés et par tous les autres caractères du développement social.

La concentration capitaliste annoncée par Karl Marx ne se fait ni avec la rapidité ni sur le plan et selon les modes prévus. Les crises de surproduction, dont la dernière amènerait la catastrophe libératrice, vont en se raréfiant et en s'atténuant à mesure que le système capitaliste connaît mieux les conditions du marché universel et, par ses trusts, ses cartels, ses comptoirs, règle la production sur les besoins de la consommation. Le prolétariat n'est pas allé en se paupérisant à mesure qu'il s'accroissait en nombre tandis que la bourgeoisie devait augmenter en richesse et décroître en nombre ; et la classe moyenne, loin de disparaître dans les pays où elle existait, se développe dans les pays où elle comptait à peine avant les transformations industrielles du dix-neuvième siècle. Le déterminisme purement économique des socialistes a faussé à leurs yeux certains grands problèmes moraux et politiques de ce temps ; ceux qui les ont abordés n'ont pu le faire qu'en laissant de côté leur doctrine reconnue insuffisante, et les autres les ont laissés passer au-dessus d'eux, incompréhensifs et inertes.

Au regard de la critique, il ne reste donc plus aujourd'hui du marxisme que son appel aux travailleurs pour leur organisation en parti de classe, instrument de leur émancipation économique. Et cet appel, les socialistes politiques et les syndicalistes encore sous l'hégémonie anarchiste prétendent, chacun de leur côté, être seuls à le lancer.

Et les travailleurs, les vaincus d'avance dans la lutte individuelle pour la vie, ne sauraient à qui entendre si la nécessité n'élevait aussi la voix, et d'une manière autrement persuasive que ne peuvent le faire des théories fondées sur l'observation partielle d'un milieu économique et social profondément transformé par un demi-siècle de recherches et de progrès scientifiques, politiques et sociaux. Cette transformation a créé des besoins et des sentiments auxquels ont répondu spontanément des organes propres à les satisfaire et à les exprimer. Tandis que la théorie répétait ses formules de moins en moins adaptées aux choses, la vie agissait, épousant les aspérités du terrain et développant l'incoercible aspiration de liberté et d'égalité dont la philosophie du XVIIIe siècle avait été l'annonciatrice et l'interprète.

Les associations volontaires, que Fourier avait projeté d'engrener en séries dans son phalanstère, surgissaient ou revivaient à mesure que les individus apercevaient que l'isolement pour la lutte n'est favorable qu'aux plus forts, et que même ces plus forts s'associent pour le devenir davantage. Syndicats, mutualités et coopératives exprimaient les besoins primaires de défense contre les forces économiques, contre les risques courus par la santé et contre l'âpre exploitation de la menue dépense des plus pauvres. Le socialisme politique s'annexa le plus de syndicats ouvriers qu'il put, et détourna pour ses tâches propres une part du temps qu'ils eussent consacré à leur activité spécifique. Il s'annexa également les coopératives de consommation, surtout en Belgique, et les fit servir à sa propagande par les avantages qu'elles offraient à leurs membres et par les bénéfices qu'elles réalisaient. En France, ce caractère alimentaire du bénéfice coopératif fit excuser par les propagandistes et les doctrinaires ce que la coopération contenait en soi d'incompatible avec l'intégrale socialisation par l'État. Quant aux sociétés de secours mutuels, elles furent considérées comme inutilisables et inassimilables, et laissées sous la direction de la petite bourgeoisie.

Cependant, ces forces grandissaient à mesure que grandissait la démocratie politique et, de celles que le socialisme politique avait incorporées et qui formaient une minorité, les plus impatientes d'action spécifique se détachaient de lui, d'abord en se fédérant en catégorie distincte mais annexe, puis en reprenant leur complète autonomie. Ainsi se forma, sous la direction des anarchistes, la Confédération générale du travail qui grandit en face du Parti socialiste et dont les effectifs sont aujourd'hui plus nombreux que les siens.

Dans le même temps, les coopératives non incorporées au socialisme politique poursuivaient leur marche vers la souveraineté économique du consommateur, et sortaient peu à peu de leur particularisme local pour entrer dans le régime fédératif. Sans se proposer d'aussi vastes buts, les sociétés de secours mutuels tentaient infructueusement de dépasser le secours de maladie et de se hausser à la pension de vieillesse ; favorisées par les lois de la démocratie politique, dont les prescriptions mêmes les ramenaient au mode réduit d'activité où elles pouvaient être éminemment utiles à leurs membres, elles se multipliaient, communiquaient entre elles, et bientôt se liaient mutuellement par un pacte fédératif.

Ainsi, spontanément et sous la poussée irrésistible des besoins et des sentiments nouveaux, se réalisait tout le réalisable, tout le positif des utopistes, des philosophes et des savants qui avaient apporté au socialisme leurs constructions, leurs concepts et leurs méthodes. Les associations coopératives, tout en se réclamant de Fourier et de Robert Owen, instituaient par leurs banques le crédit gratuit déclaré nécessaire par Proudhon, mais que celui-ci n'avait pu établir faute d'institutions fondées sur le principe de la réciprocité. Les associations professionnelles les mieux organisées ainsi que les coopératives les plus complètes assumaient les fonctions primaires de la mutualité pour le secours de maladie et de chômage. De leur côté, sans doctrine et sans théoriciens, les syndicats agricoles, vivaces surtout dans les régions de petite propriété, appliquaient la coopération à des modes sans cesse étendus de leur activité économique, et la mutualité aux risques divers de l'industrie rurale. Les syndicats ouvriers, enfin, exprimaient l'activité économique de la classe des salariés et tendaient de plus en plus à réaliser le plan marxiste par la fédération de lieu et la fédération de profession, par l'entente et l'action des travailleurs de tous les pays et de toutes les professions pour la conquête de la souveraineté économique.

Toutes ces forces débordent et dépassent aujourd'hui le socialisme politique. Dans les pays anglo-saxons, où elles sont le mieux organisées, elles s'expriment sur le terrain politique, mais n'acceptent pas les formules du socialisme. C'est dans ces pays également que fleurit l'exploitation municipale des services publics, sans aucun rattachement doctrinal avec le socialisme, dont cependant ce système est un des modes d'action.

Ainsi, à mesure que se développent la démocratie dans l'État et la personnalité dans l'individu, grandissent des institutions collectives qui à la fois attestent une socialité sans cesse croissante et sont les instruments de son accroissement. Ainsi, de ce fait, les socialistes en viennent à exercer leur esprit critique sur les affirmations doctrinales dont il a été fait en un siècle une si grande consommation. Et ils acquièrent des notions de relativisme, de respect des libres initiatives collectives et de division nécessaire du travail, qui peu à peu donneront à leur activité un caractère plus scientifique et des moyens plus complexes. Dès lors, ils devront se proposer un but à la fois moins arrêté dans sa précision et plus étendu aux proportions mêmes de l'organisation sociale. Leur tâche en deviendra plus facile, en même temps que plus sûre leur action. En effet, par le développement parallèle et mutuellement déterminé de la démocratie dans l'État et de l'individu dans l'association, le contrat entre égaux prend toute sa valeur et toute sa vertu : la limitation de l'association contractuelle à son objet propre dégage et multiplie la liberté de l'individu, encore subordonnée et prisonnière dans les associations qui prétendent être une société complète ou en créer une par leurs seuls moyens.

De sorte qu'à mesure que le socialisme s'élargit et que, sur le terrain national et international, il apparaît comme l'expression la plus achevée de la démocratie, les socialistes aperçoivent mieux l'immense force contenue dans l'association entre semblables, et en même temps cette force leur révèle la complexité sans cesse croissante des organes sociaux. Ils ne pourront donc agir pour réaliser leur idéal qu'en le considérant comme un devenir permanent, car la notion d'étendue appelle irrésistiblement celle de durée. Ils devront donc se conformer au plan même de la complexité sociale et utiliser les instruments que de multiples besoins créent incessamment avec la spontanéité organique de la nature.

Les partis politiques pourront être les organes juridiques du socialisme, mais ils ne pourront plus le contenir. Les syndicats pourront être ses organes économiques, mais il leur échappera également s'ils se flattent de l'exprimer par leur unique et simple moyen. La coopération pourra remettre sur sa base rationnelle la pyramide économique, et placer finalement la production sous les ordres de la consommation, comme l'activité de l'homme est subordonnée à ses besoins : elle n'exprimera pas à elle seule la socialité croissante entre individus de plus en plus diversifiés, réunis par ceux de leurs caractères qui les font semblables, opposés par ceux qui les font dissemblables, reliés et finalement équilibrés dans leurs réactions mutuelles par de multiples contrats de liberté, d'égalité et de réciprocité.

Le socialisme est en révolte contre ses moyens d'expression, trop unilatéraux et trop rigides. Mais il ne les brise pas : il se les approprie selon une ordonnance supérieure que notre logique géométrale appelle du désordre, faute de pouvoir saisir la logique complexe de la nature vivante.

Dès lors, la lutte de classe, qui est le moyen propre des travailleurs pour leur libération du salariat, apparaît comme bien insuffisante. Elle ne peut, à elle seule, être le principe d'action du socialisme, la société n'étant pas limitée à deux catégories, la catégorie ouvrière et la catégorie capitaliste, même dans l'ordre économique pur. Un peu d'observation nous prouve que mille incidents de la vie sociale solidarisent ces deux catégories contre l'État, contre la production étrangère, ou contre d'autres catégories économiques, morales et sociales.

Si le moyen communément accepté jusqu'ici par tous les socialistes agissants est reconnu insuffisant, que dire du but même, transitoire avec le collectivisme, définitif avec le communisme? Pour être un absolu relatif, le collectivisme n'en est pas moins un absolu, une forme rigide et unique d'appropriation qui ne pourrait se concevoir que par l'État propriétaire et industriel, c'est-à-dire par la substitution, en tant que classe dirigeante, des agents politiques de l'État, issus de la brigue simpliste démocratique, à la catégorie onéreuse, mais du moins compétente, des financiers et des industriels.

Nous avons donc à nous guérir de la superstition d'uniformité et de simplicité si éloignée de la diversité et de la complexité des organes économiques et sociaux sur lesquels nous voulons exercer notre action transformatrice. Ce n'est pas la propriété qui est l'obstacle, mais la rente parasite et le profit arbitraire tirés du sol inerte et du capital agissant. Et il est autant de moyens de socialiser cette propriété que de modes divers d'en tirer les utilités dont l'homme a besoin. L'association, ici encore, trouve d'elle-même et par son caractère contractuel le moyen de libérer l'homme de la propriété individuelle de son voisin sans l'asservir à la propriété collective administrée par des fonctionnaires politiques, c'est-à-dire à la tyrannie, tempérée ou plutôt aggravée de démagogie.

Le présent ouvrage est la condensation et la mise au point d'une série de conférences faites à l'École des Hautes-Études sociales, dans l'année 1905-1906, et qui eurent pour objet l'étude, dans son mouvement actuel et dans sa tendance généralement accusée, du phénomène de socialité croissante, de coopération sans cesse étendue, manifesté et développé par l'association. L'auteur aura pleinement atteint son but s'il a pu amener le lecteur à voir avec lui, dans la totalité des associations exprimant respectivement chacun des modes de l'activité humaine, et dans l'organisation spontanée de leurs rapports mutuels de lutte et de coopération, le socialisme lui-même en devenir perpétuel, en création ininterrompue de liberté et de bien-être pour chacun et par tous.

CHAPITRE PREMIER

LES CONDITIONS DE L'ASSOCIATION MODERNE

I. — LA RÉVOLUTION FRANÇAISE ET LES ASSOCIATIONS

Si Taine vivait encore, il ne pourrait plus regretter la disparition des grands corps qui étaient en même temps le cadre et le support des classes sociales, et par lesquels l'individu, jadis, se trouvait protégé à la fois contre la toute-puissance et l'indifférence de l'État, en même temps que fortifié dans son action et limité dans son pouvoir, enfermé dans son état ou sa profession. Aujourd'hui, en effet, l'association surgit dans tous les domaines de l'activité économique, intellectuelle, politique et morale, groupe des intérêts, propage des idées ou exprime des sentiments, et il n'est pas un seul de ces domaines où elle ne montre une tendance manifeste à se substituer rapidement aux initiatives individuelles. Est-ce une réaction contre l'individualisme de la Révolution française, fondement de notre droit public et privé ? Pour le croire, il faudrait regarder d'un œil singulièrement prévenu le mouvement de l'époque présente, péripétie capitale de l'histoire sociale.

D'abord, il faut se demander si, en brisant les associations économiques et morales de l'ancien régime, les hommes de la Révolution ont entendu mettre le sceau à l'œuvre centraliste de la monarchie absolue et substituer purement et simplement un souverain impersonnel au souverain personnel, l'État au monarque. Il semble bien, à première vue, que leur objet ait été de laisser en présence de l'État tout-puissant un individu rendu impuissant par son isolement d'avec ses semblables et placé désormais dans l'impossibilité de communiquer avec eux autrement que par l'intermédiaire de l'État, c'est-à-dire indirectement. Le contact de l'État, très direct, était d'autant plus gênant et douloureux pour l'individu que cette toute-puissance abstraite lui apparaissant sous des espèces très concrètes, se manifestait à lui par des agents d'autorité plutôt que de gestion : percepteur, gendarme, juge, dont la fonction lui semblait être surtout d'entreprendre sans cesse sur ses biens et sur sa liberté. Ils entreprenaient au nom de la loi, et non plus au nom du roi, mais c'était toujours les mêmes prélèvements sur les biens et les mêmes contraintes de la liberté. Pliés égalitairement sous une loi commune, les individus n'avaient plus le refuge des privilèges corporatifs. Ceux-là mêmes qui n'avaient eu aucune part à ces privilèges, dont la disparition les avait justement libérés de certaines contraintes, se trouvaient cependant hors d'état de recueillir directement et d'une manière sensible les avantages du régime nouveau, ni d'apercevoir les caractères nécessaires d'ordre et de service publics des anciennes contraintes d'État exercées désormais au nom de la loi et pour la nation.

Mais les assemblées de la Révolution ne s'étaient pas proposé délibérément d'achever l'œuvre de Louis XIV. Le rêve de ce despote, est-il besoin de le dire ? ne hanta jamais même les jacobins les plus passionnés d'unité et d'indivisibilité. Ils avaient entrepris de fonder l'ordre nouveau sur la liberté de l'individu par l'égalité de droits pour tous les individus ; certains d'entre eux tendaient à l'égalité de fait et pensaient la voir se dégager tout naturellement de la liberté rendue à tous par la suppression des classes, des corporations et des corps privilégiés. Pour cela, il fallait transformer en association contractuelle une société qui se composait d'associations superposées, les unes naturelles et les autres artificielles, toutes exprimant en droits particuliers, de catégorie, le fait de leur puissance acquise à travers les siècles, et dont les institutions étaient fixées par la coutume et sanctionnées par la contrainte.

Quelles associations les législateurs, qui rendaient sans débat le décret Le Chapelier contre les coalitions d'ouvriers avaient-ils trouvées devant eux lorsqu'ils s'étaient donné mission d'appliquer à l'ordre social les principes de la Déclaration des droits ? Des associations fondées sur un contrat librement débattu entre les intéressés, librement ouvertes à qui voulait y entrer ou en sortir ? L'ancien régime n'en connut de telles que très exceptionnellement, et celles-ci ne jouissaient d'aucun privilège. Les associations ouvrières elles-mêmes, compagnonnages ou confréries, n'étaient rien moins qu'égalitaires, et l'individu y disparaissait dans la collectivité, d'ailleurs destituée de tout droit particulier ou privilège et en butte aux coups des corporations et de la puissance publique. Donc, qui disait association entre semblables pour des intérêts ou des buts communs disait corporation fermée, hiérarchique et autoritaire à l'intérieur, privilège conquis sur la société et consenti par elle, organisme particulariste isolé de la nation et rendant impossible l'établissement d'un droit commun.

Les deux grandes puissances d'association d'alors, la corporation de métier et l'Église, étaient des sociétés de fait dont le statut juridique s'était formé et étendu à la mesure de leur puissance à côté d'un État qui s'était développé en même temps et même plus rapidement qu'elles, mais dont la formation était postérieure à la leur, et qui leur avait laissé des parts de fonction, de gestion et d'autorité publiques, par insouciance de les assumer ou incapacité de les prendre. Leur droit prenait ses titres dans une coutume séculaire, et toute tentative de l'État vers l'achèvement de sa souveraineté leur semblait, quand elle se produisait, comme une atteinte à ce droit sacré par son antiquité. Il n'y avait d'ailleurs rien de plus sacré pour elles que leur existence, et elles ne pouvaient exister que par le privilège.

Privilégiés dans l'État, c'est-à-dire vis-à-vis de l'ensemble social, ces corps l'étaient également dans leur fonctionnement intérieur, et un statut de contrainte et d'inégalité, homologué par la puissance publique, réglait les rapports de leurs membres, et ainsi ils asservissaient l'individu au dedans comme en dehors. La Révolution fut donc faite à la fois pour achever l'État et pour réaliser l'individu, et elle se produisit au moment historique où les organismes collectifs avaient cessé de contenir et d'exprimer toute l'activité économique et toute la vie morale de la société : la suppression des corporations et la sécularisation de l'Église trouvèrent leur légitimité dans leur nécessité, reconnue par l'assentiment commun. On n'entendit pas supprimer l'association elle-même, mais l'association particulariste et féodale d'ancien régime. Aux associations de privilège, la Révolution projeta de substituer la nation elle-même, devenue une association de droit commun, une association volontaire d'hommes égaux et libres, signataires du contrat social.

Mais, aussi complètement que leur instituteur commun, les fondateurs de l'ordre nouveau ignoraient les lois de la division du travail social. Trop fidèle à la discipline de Jean-Jacques Rousseau, leur rationalisme ne vit dans l'homme que le citoyen, théoriquement semblable, donc égal, à tous les autres citoyens. Ils conçurent un homme abstrait et le décrétèrent citoyen, cette qualité de citoyen contenant toutes celles de l'homme ou devant suffire à les produire. Il leur apparut bien cependant que sa dépendance envers le riche empêche le pauvre d'être vraiment un membre de l'État et directement lié à lui : aussi, sauf dans la constitution de 1793 qui ne fut pas mise en vigueur, les hommes en état de dépendance économique furent relégués dans la catégorie des citoyens passifs. Mais, dans la pensée du législateur révolutionnaire, la liberté économique devait leur donner, avec la propriété de leur personne et la liberté de contracter, la part de propriété des biens qui les ferait entrer dans la catégorie des citoyens actifs. Pour justifier en partie cet idéalisme outrancier, il est bon de rappeler que la France d'alors était agricole plus qu'industrielle, et que la révolution était faite par et pour une nation de petits propriétaires,

Ce n'en fut pas moins une erreur capitale de croire qu'un contrat unique, purement civique, les égalisant tous sous une loi commune, suffirait pour relier les uns aux autres des individus si divers et dont les fonctions économiques et les besoins moraux étaient si multiples et si variés. Un tel contrat, à l'extrême rigueur, eût pu être possible dans un petit canton rural, comme ceux de la Suisse, sans riches ni pauvres, sans fanatiques ni incroyants ou sans dissidences religieuses. Comment eût-on pu le pratiquer dans une civilisation totale, donc complexe et mouvante, où se mêlaient les survivances industrielles et mentales du XIIIe siècle aux impatiences scientifiques et philosophiques du XIXe? La réaction politique et sociale dont Thermidor a marqué le point de départ conserva l'enseigne individualiste: mais, les possédants ayant mis la main sur l'État, elle en opposa systématiquement la toute-puissance à l'impuissance de l'individu isolé de son semblable, en qui elle s'attacha à ruiner la notion du contrat social.

Vains efforts, et dont le succès précaire ne devait durer que le temps, pour la collectivité destituée, de prendre conscience de son nouvel état. Les droits de l'homme et du citoyen, formule du contrat social, ne pouvaient rentrer dans le néant. Par cela seul qu'ils avaient été proclamés, ils subsistaient dans les esprits réfléchis, et gagnaient de proche en proche les couches les plus obscures et les plus inertes de la nation. Ils subsistaient d'autre part dans toutes les institutions que l'Empire et la Restauration avaient dû sanctionner, faute de pouvoir les détruire ; et tout l'effort du libéralisme se portait, parfois à l'insu de ses doctrinaires, sur l'achèvement en idée et en réalité de l'individualisme contractuel contenu dans la démocratie.

Le développement industriel du XIXe siècle, en opérant une révolution sans analogue dans l'histoire économique et sociale, a été un puissant facteur des progrès du savoir dans les foules ; d'autre part, le sentiment démocratique a grandi à mesure que se formait une puissance sociale sinon nouvelle, du moins inaperçue jusque-là : celle du capital. La notion du contrat social réapparaît alors dans toute sa netteté, et l'on sent en même temps que sa forme simple, purement civile et civique, ne répond qu'en partie aux besoins des membres d'une société aussi complexe que la nôtre, en plein déchaînement d'activités industrielles et intellectuelles. La démocratie entre citoyens égaux et l'association volontaire entre hommes semblables, tel est alors le double moyen auquel l'homme du XXe siècle recourt pour secouer toute servitude de fait et se réaliser comme individu complet.

II. — LA DÉMOCRATIE TRANSFORME L'ASSOCIATION

Cette notion, que l'association et la démocratie se conditionnent mutuellement, ne s'est pas encore dégagée avec clarté ; mais déjà l'on voit tendre toutes les activités à constituer un ordre de faits par lesquels l'évidence se fera. Car ce n'est pas une notion artificielle, une vue de l'esprit, tentative arbitraire de conciliation entre la pensée maîtresse de Rousseau et le phénomène que nous voyons se développer en ce moment : L'observation et l'expérience sont ici d'accord, et l'histoire d'aujourd'hui confirme les faits d'hier, dont elle est née, en même temps qu'elle vérifie la notion du contrat, non plus initial mais final, appliqué désormais à tous les modes d'activité de l'individu.

La démocratie est un fait, et ses progrès dans les pays où elle se développe sont à la mesure de la civilisation générale atteinte en chacun de ces pays. Plus ces pays contiennent d'hommes libres eu égard au total de la population, et plus la démocratie y fait de l'individu un signataire du contrat social, un membre réel et juridique de l'État, qui cesse alors progressivement d'être la chose d'une classe privilégiée par la naissance ou par la richesse pour devenir le moyen de tous, à la mesure de l'aptitude de chacun à s'en servir. Voilà le fait d'observation universelle et constante, que nul ne peut plus contester, soit parmi ceux qui le déplorent, soit parmi ceux qui s'en réjouissent.

En même temps, un autre fait d'évidence s'impose aux uns et aux autres ; l'association se développe entre semblables, selon les principes mêmes de la Déclaration des droits : la liberté et l'égalité. Certes, l'association n'est pas une nouveauté. L'antiquité grecque a connu les sociétés de secours mutuels, et l'on en trouve dans les formations sociales les plus rudimentaires, chez les nègres du centre africain et chez les Polynésiens éparpillés dans les sporades du Pacifique. La liberté et l'égalité, le contrat et la délibération y existent même, certes moins complets et formels que chez nous, mais assurément beaucoup plus que dans l'organisme social primitif dont ces associations sont extraites.

Notre moyen âge fut une époque d'association par excellence, toute classe religieuse, militaire ou industrielle formant une association de fait, une stratification sociale dont les molécules humaines n'étaient pas seulement en contact par juxtaposition, mais en communication. Parfois même, parasitaire ou se suffisant à elle-même, l'association constituait une société dans la société et possédait des organes économiques et juridiques distincts : telle la communauté religieuse. Souvent elle s'opposait à l'Etat, se substituait à lui, ou simplement remplissait des fonctions dont il n'avait cure : telles les ligues féodales, la chevalerie, les corporations judiciaires déléguées ou spontanées (Parlement ou Sainte-Vehme) ; telle encore l'Église assurant les services publics d'assistance et d'enseignement. Parfois encore l'association était un des éléments primitifs de la société, un ancien clan retourné en partie à son autonomie présociale et adapté, pour ses autres fonctions, à la société qui l'avait dépassé sans l'absorber totalement : tels les artels, ou coopératives de travail russes, encore existants aujourd'hui, composés d'originaires du même canton ou du même village, qui passent des contrats collectifs de travail avec les maîtres de métiers des villes et les compagnies de chemins de fer.

Ces associations du passé étaient peu propres à développer l'individualisme parmi leurs membres, et on n'y en trouverait guère plus que chez les abeilles. Elles groupaient, de gré ou de force, des semblables, artisans de même métier, fidèles de même croyance, mais non des égaux ; et quand la délibération y existait autrement que pour se référer à la coutume, les clauses du contrat étaient rédigées par les uns et subies par les autres.

La Révolution ne fit pas disparaître l'association, mais à son insu la pénétra et la transforma. Est-ce bien à son insu qu'il faut dire? Oui, si l'on s'arrête aux apparences et si l'on ne voit que son décret contre les associations économiques. Mais il faut se rendre compte qu'elle ne pouvait, l'eût-elle discernée, reconnaître leur tentative de création du droit individuel par le contrat, puisque c'était là précisément la fonction qu'elle réservait à l'État. Aussi les considérait-elle à la fois comme une menace immédiate des producteurs concertés contre les consommateurs dispersés, et comme un essai de reconstitution des corps hiérarchiques et fermés qu'elle venait d'abolir.

Mais, en même temps que, par la loi Le Chapelier, elle proscrivait les associations économiques sous forme de coalition des producteurs, la Révolution ne mettait aucun obstacle, au contraire, aux sociétés de biens, c'est-à-dire aux associations pour la production industrielle ou la circulation des produits. Est-ce donc, comme l'ont dit les écrivains féodaux, représentants de l'aristocratie terrienne évincée du pouvoir par la bourgeoisie industrielle, et à leur suite les théoriciens socialistes du XIXe siècle, est-ce donc que la Révolution favorisait les capitalistes de propos délibéré et leur sacrifiait les artisans et les ouvriers? Non, mais bien qu'en l'état des moyens de production d'alors, l'outil n'ayant pas encore été remplacé par la machine, l'association industrielle pour la fabrication d'un produit déterminé ne pouvait s'imposer à l'ensemble des consommateurs comme l'eût pu l'association économique de tous les créateurs de ce produit, maîtres et ouvriers mêlés, contre la masse inerte des consommateurs.

Cette idée d'une séparation des membres du corps social en producteurs et consommateurs fait sourire aujourd'hui, celle d'une coalition des maîtres et ouvriers de l'industrie contre les consommateurs paraît encore plus fantaisiste. Et pourtant, ne voit-on pas, aux États-Unis et en Allemagne, l'association industrielle et commerciale, et non pas les syndicats, despotiser les consommateurs? Même, n'est-ce pas aux États-Unis que récemment des ententes ont été constatées entre des fabricants et des trades-unions pour imposer tels prix au public? Les hommes de la Révolution, d'autre part, savaient assez d'économie politique pour se rendre compte que tout relèvement des salaires obtenu par coalition des ouvriers ne se traduirait pas en diminution de bénéfices pour les maîtres de métiers, mais en augmentation du prix de vente des produits. On s'explique au surplus ce sentiment dominant de l'époque: la crainte des coalitions de producteurs contre les consommateurs, si l'on tient compte: 1° que l'agriculture, ressource principale de la France, n'était encore guère industrialisée et que nulle entente entre les agriculteurs pour la vente de leurs produits n'était alors supposable; 2° que les individus voués à l'industrie et au commerce formaient encore la minorité dans la nation.

III. — ASSOCIATIONS ÉCONOMIQUES ET ASSOCIATIONS IDÉOLOGIQUES

Cependant, tandis que la Révolution entreprenait de protéger les consommateurs isolés contre les coalitions de producteurs et de négociants, elle poussait les citoyens à l'association politique, idéologique. Cette ère, on l'oublie un peu trop, fut l'ère des associations politiques : il se forma des clubs dans les moindres villages, et chaque parti eut les siens. Pour les fils de Jean-Jacques qu'étaient les hommes d'alors, la société n'était pas un phénomène naturel, perpétué par la tradition, mais un corps politique fondé sur la libre volonté de ses membres ; et ils sentaient que la vie politique ne serait possible que si tous les membres de la nation étaient mis en état de se déterminer librement, d'apporter en connaissance de cause leur signature au contrat social. On dit toujours que la Révolution mit directement en présence l'individu et l'État ; c'est une erreur grossière : le premier essai de réalisation de la démocratie s'est fait par le moyen des associations et des fédérations, corps intermédiaires destinés à faire pénétrer le sens de la vie publique, de la socialité politique, dans les hameaux les plus reculés, chez les individus les plus isolés.

Quant aux associations économiques, elles se passèrent de la permission qu'on leur refusait. Les corporations de métiers ne revécurent point, leur raison d'être ayant disparu depuis longtemps ; mais les groupes de salariés, organisés bien avant la Révolution en confréries et en compagnonnages, continuèrent de vivre en marge des lois. Bien loin de disparaître, la raison d'être de ces groupes composés d'individus aux intérêts identiques devenait plus impérieuse à mesure que la classe ouvrière croissait en nombre et se différenciait davantage de la classe des chefs de production. Les confréries s'étaient transformées en sociétés de secours mutuels ; mais, sous ce nouveau vocable comme sous l'ancien, la défense des intérêts professionnels fut l'objet principal de ces associations ouvrières. Nés dans la crypte des corporations et contraints de se cacher, les compagnonnages, groupes de protection des ouvriers contre les maîtres, conservèrent, pendant la Révolution et longtemps encore après, les allures mystérieuses, les initiations secrètes et compliquées, la hiérarchie autoritaire des temps qui les avaient vus naître ; et ce n'est qu'à la veille de 1830 qu'un certain nombre d'entre elles se donnèrent un statut de liberté et d'égalité.

Telles quelles, ces associations économiques, forme primitive du syndicat professionnel d'aujourd'hui, constituaient le corps intermédiaire entre les membres dispersés du travail salarié et le capital devenu maître du pouvoir politique par les réactions contre la démocratie dont le 9 Thermidor avait donné le signal. Pendant la moitié du XIXe siècle au moins, la classe possédante régna sans partage. A peine victorieuse de la démocratie, elle employa son pouvoir à reconstituer du régime corporatif ancien tout ce qui fut possible ; elle reforma, entre la masse inorganique des individus et la société représentée par l'État, les corps collectifs par lesquels s'affirmerait sa volonté et s'exercerait sa puissance : création de l'ordre des avocats, avec monopole de la défense, et des chambres de notaires, d'huissiers, d'avoués, de commissaires-priseurs, avec monopole et vénalité de leurs offices ; privilège de la librairie, de l'imprimerie, du théâtre, de la boulangerie, de la boucherie, des voituriers, des armuriers, etc. ; restauration des chambres de commerce, supprimées par la Révolution, et des chambres consultatives des arts et manufactures ; surgissement illégal, mais public, des chambres syndicales de patrons, etc., etc.

La distinction entre les associations idéologiques qui disparurent et celles qui revécurent dans ce moment historique est bien nette et très facile à établir : La Révolution avait encouragé les associations politiques fondées sur la libre option et l'égalité de tous leurs membres, en même temps qu'elle dispersait les congrégations fondées sur les vœux perpétuels et la hiérarchie autoritaire ; la période qui suivit dispersa les associations politiques, ne toléra qu'avec une impatience extrême les sociétés d'instruction populaire, et laissa se reformer les congrégations.

Ainsi trouvèrent protection contre leur isolement vis-à-vis de l'État et de la société les individus qui avaient rang de citoyens, c'est-à-dire, jusqu'à 1848, deux cent mille électeurs censitaires sur huit millions d'adultes mâles. Ainsi se contreforta leur puissance économique individuelle de la puissance d'association, devenue un moyen d'action, et au besoin de direction de l'État, en même temps qu'un instrument de défense, ou plutôt de conquête, vis-à-vis des membres dispersés du corps social. L'établissement définitif de la démocratie politique devait avoir pour conséquence non pas la suppression des associations formées par la catégorie privilégiée jusqu'alors, mais l'extension du droit d'association à tous les membres du corps social indistinctement, sous l'unique condition de se conformer aux principes du droit civil.

La loi qui ouvre le vingtième siècle n'a pas donné l'existence aux associations ; elle la constate et la sanctionne. Au moment où fut promulguée cette loi, soixante mille associations existaient en France, chiffre donné par le rapport de la section d'économie sociale à l'Exposition universelle de 1900, chacune de leurs nombreuses catégories exprimant un mode de l'activité, un besoin de l'esprit, un sentiment moral de l'individu social. Aux sociétés de biens, aux associations industrielles, commerciales et financières, qui se sont multipliées pendant le siècle écoulé pour augmenter la richesse de chacun de leurs participants, s'opposent les syndicats professionnels ouvriers, les coopératives de consommation et les sociétés ouvrières de production ; et voici que, pour la défense du terrain menacé, croissent les syndicats patronaux en face des fédérations ouvrières. Aux associations religieuses s'opposent les associations rationalistes, et aux académies, conservatrices de l'acquis intellectuel et esthétique, les corps libres voués à la recherche et à l'innovation.

Toutes les catégories de la pensée et de l'action se manifestent à présent par des associations permanentes ou temporaires, remplaçant la lutte individuelle par la lutte collective, soit contre les individus, soit contre les collectivités. Dans ces associations, fondées théoriquement sur un statut de liberté et d'égalité, que reste-t-il de l'ancien état de contrainte et de hiérarchie ? Que font-elles de l'individu ainsi enlevé à son isolement, à son tête-à-tête avec l'État ? Deviennent-elles un moyen pour lui, ou bien leur est-il un moyen ? Sont-elles sa chose, ou bien est-il la leur ? Le séparent-elles de l'État, ou bien le réunissent-elles à lui ? Tendent-elles à la lutte perpétuelle élevée du premier degré, individuel, au second, collectif, ou bien à la fédération ?

Telles sont les questions que pose l'association, et auxquelles l'étude des faits doit répondre.

IV. — LES PRINCIPES DU DROIT MODERNE ET LES FAITS ACTUELS

Avant d'aborder l'examen des faits actuels, il est bon de remarquer que l'association moderne a pour caractère juridique essentiel de reposer sur le contrat et par conséquent de proportionner les droits aux obligations pour tous ses membres également. Agir ainsi, est-ce faire œuvre d'idéologie pure, de métaphysique vaine ? Que non pas ! L'individualisme s'est exprimé il y a cent-vingt ans par des formules de liberté, d'égalité, de contrat, qui dominent notre droit public, et surtout notre droit privé, puisque les contrats y sont la loi des parties et qu'il n'y a de contrat qu'entre individus égaux et libres. Le droit n'est donc pas une forme arbitraire, destinée à contenir tant bien que mal des faits qui n'auraient aucun rapport entre eux ni avec lui. Il est, lui aussi, un fait, en ce sens qu'il est créé par les faits, ou plutôt par l'idée que nous avons de leur nature et de leurs rapports entre eux et avec nous. Connaître le caractère juridique d'un phénomène social tel que l'association, c'est donc connaître ce phénomène autrement que dans son état présent et sous ses apparences extérieures.

Mais il faut prendre garde à plusieurs écueils. Si, d'une manière générale, il rend bien compte de l'état de fait dont il est issu et qu'il a pour fonction de systématiser, le droit n'exerce pas toujours et partout son empire dans le domaine qui lui est dévolu. En dépit du code pénal et du code civil, le droit de propriété est violé par de nombreux délits et de plus nombreuses infractions, rendus possibles par les lacunes ou les contradictions de la loi écrite : manœuvres de spéculation, formation de trusts et de cartels supprimant le concurrent pour supprimer la concurrence. De même il arrive que le droit fondamental soit méconnu non seulement par les associations occultes, illicites, qui se forment ou qui subsistent, mais encore par celles qui se servent des formes du droit pour y enfermer, dûment abritées par lui, des pratiques absolument contraires aux principes de liberté et d'égalité.

D'autre part, le droit a une rigidité mathématique que les faits n'ont point ; si bien que, souvent, ses principes, et à plus forte raison ses formules écrites, se trouvent exprimer des rapports de fait qui n'existent déjà plus, ou plutôt se sont si profondément transformés qu'il ne peut leur être appliqué sans une profonde injustice. C'est le cas, entre autres, pour le contrat individuel de travail, qui est toujours la règle juridique des rapports entre employeurs et salariés, bien que les conditions d'inégalité réelle, exclusives de tout libre contrat, aient été considérablement aggravées depuis un siècle.

Une chose, cependant, demeure incontestable, c'est la conformité des principes du droit actuel avec la tendance des faits actuels. En effet, tandis que le droit affirme à l'état d'absolus la liberté et l'égalité, les faits en incessant mouvement accusent une tendance, contrariée, certes, par mille détours et retours, mais flagrante, à donner aux individus plus de liberté et d'égalité. Ces faits ne naissent pas seulement du désir de liberté et d'égalité qui meut la plupart des individus en notre état de civilisation. Ils sont encore nécessités par les conditions économiques du moment qui tendent, automatiquement pourrait-on dire, à mettre la plus grande quantité de moyens de consommation à la portée du plus grand nombre de consommateurs et, par voie de conséquence, à incorporer dans le système général de la production un plus grand nombre de producteurs. Mais en même temps naissent, dans l'ordre économique et social, des solidarités et des disciplines qui apparaissent aux interprètes attardés du principe de liberté comme autant d'infractions à ce principe, encore conçu par eux sous l'empire de l'individualisme économique qui précéda les transformations industrielles du XIXe siècle. Cette conception les porte alors à considérer les accords collectifs, créateurs de liberté et de pouvoir individuels dans les conditions nouvelles, comme des atteintes à la liberté de l'individu. Mais le principe de liberté ne peut être rendu coupable des applications anachroniques qu'on en peut faire.

Il est donc possible d'étudier l'association à la lumière des principes qui la dominent, mais à la condition de ne pas oublier que les applications de ces principes varient selon les milieux. La liberté de l'individu, pour la réalisation du contrat de travail, par exemple, emploiera des moyens divers, selon que cet individu sera un artisan en possession d'un métier acquis par un long apprentissage et contractant soit avec un maître artisan, soit directement pour une entreprise donnée avec le consommateur, ou bien que cet individu entrera, lui millième, en qualité de manœuvre dans une usine dont il ne connaîtra parfois jamais les propriétaires. Il est certain qu'au premier le débat individuel suffira pour passer un libre contrat, tandis que le second sera bien heureux si la force associée de ses neuf cent quatre-vingt-dix-neuf camarades de l'usine réalise pour lui une approximation de contrat. Les moyens de la liberté seront individuels pour le premier et collectifs pour le second ; mais dans le second cas, tout autant que dans le premier, désormais à peu près périmé, c'est la liberté qui aura été l'objectif : c'est donc bien du principe de liberté que peuvent se réclamer les moyens collectifs.

Il importe donc au plus haut degré de clarifier l'idée du droit, de la dépouiller des concepts et formules d'école, et de chercher la liberté à l'état concret et tangible. C'est à cette recherche que je me suis attaché dans l'*Essai sur l'individualisme*. Si l'on s'est fait, comme moi, une conception des principes de liberté et d'égalité qui permette d'apercevoir leur réalisation progressive dans une socialité sans cesse étendue et de plus en plus fondée sur la division du travail et des fonctions, on peut, à mesure qu'on étudie le phénomène actuel d'association, comparer utilement son état présent à celui du passé et au droit qui dominait alors. L'histoire sociale nous montre que c'était un droit de nature, de coutume, d'autorité et de hiérarchie ; l'association d'aujourd'hui en conserve forcément des vestiges, plus nombreux et plus vivaces que ne pourraient le faire supposer les diverses formules juridiques, statutaires et oratoires couramment employées. Cet examen historique prend alors toute sa valeur d'enseignement et, en dépit de mille apparences, et y en eût-il dix mille ! on ne risque plus de prendre le mouvement syndical actuel, par exemple, pour un retour aux corporations de l'ancien régime.

L'étude juridique du phénomène d'association n'aura donc pas seulement, on le voit immédiatement, cet avantage de nous le montrer en mouvement à la manière d'un organisme quelconque dont les formes se modifient dans le temps et dans l'espace ; elle nous fera encore pénétrer dans l'intérieur de cet organisme et nous pourrons en apercevoir les ressorts psychologiques. Or, en matière d'association, comme dans tous les faits d'ordre social, donc psychologiques pour une grande part, le mort encore saisit le vif et le saisira sans doute toujours ; la tradition et l'instinct rappellent à la raison l'humilité de ses origines ; elles l'y enchaînent, même lorsqu'elle s'en croit le plus délivrée. Pour bien connaître l'association dans son état présent, il est donc nécessaire d'examiner, si rapidement que ce soit, tout au moins son passage de l'état naturel et spontané à l'état contractuel et volontaire, de l'état de contrainte à l'état de liberté, de l'état de hiérarchie à l'état d'égalité. Et comme l'association ne se conçoit pas sans les individus qui la composent, cet examen n'est possible que si l'on s'est rendu compte de leur état psychologique tel que l'a constitué le milieu ethnique et social et tel que l'a modifié le milieu réduit auquel ils s'incorporent, parfois si étroitement qu'ils perdent tout contact et toute communauté de sentiments, d'idées et d'intérêts avec l'ensemble de la société humaine.

V. — LE STATUT ORGANIQUE D'ANCIEN RÉGIME

Dans son état primitif, c'est-à-dire parmi les sociétés formées par juxtaposition de familles et de clans et non, comme la nôtre tend à l'être, par communication et interpénétration de tous les individus qui la composent, l'association est rarement un produit de volontés individuelles se résolvant en délibération collective. La force des choses d'abord, la coutume sociale héréditaire ensuite, la dominent et la délimitent. Des serfs achètent leur liberté de corps, refusent de prendre une tenure féodale, se réfugient dans les bourgs francs qui servent de marchés, y exercent une industrie ou un négoce : pour leur commune protection et aussi pour offrir de plus sûres garanties aux gens qui recourent à leurs services, ils se corporent, comme eût dit Charles Fourier. Viennent se joindre à eux des hommes libres ou des serfs marrons qui, ne possédant que leurs bras, en offrent le louage : ils sont annexés à la corporation, dont ils occuperont l'étage inférieur. Nulle délibération ici, nul acte de volonté réfléchie, mais concours de circonstances politiques, ethniques, sociales, économiques ; résultat naturel d'une différenciation dans les fonctions productives, premier essaimement du travail domestique vers le travail divisé socialement, c'est-à-dire par catégories professionnelles ; première apparition du produit fabriqué exclusivement pour être vendu, se juxtaposant à l'existence du produit mis en vente parce qu'il dépasse les besoins domestiques.

Il y a dans tout cela une incontestable part dominante d'automatisme individuel et social, de spontanéité régie par l'inconscient, qui laisse fort peu de place à la volonté individuelle et à la délibération collective, qui n'interviennent guère que pour adhérer à la nécessité et s'y soumettre. Nous sommes encore plus près de cet état que nous croyons, mais l'essentiel est de n'y être plus. L'association ainsi formée devra se donner des règles, un statut organique. Dans quelle mesure peut-on dire qu'elle se les sera donnés ? Pour cela, il suffit de se représenter les individus qui la composent.

Ils apportent avec eux dans l'association les mœurs, les sentiments et les idées du milieu social où ils sont nés et auquel ils appartiendront encore par tout ce que l'association ne distraira pas à son profit exclusif. Il est vrai qu'ils laisseront peu de chose au milieu social, car l'association, même celle d'aujourd'hui la plus affirmative de liberté et d'égalité, tend à contenir tout l'individu et à lui suffire en tout, de même qu'à s'opposer à tout et conquérir ou dominer tout ce qui n'est pas elle. C'est la loi même de sa vie et de son développement. Mais, par l'association, l'individu gardera contact avec le milieu social, ne fût-ce que pour servir les fins de conquête ou de domination qu'elle poursuit nécessairement. Le contrat d'association, ou plutôt le règlement de métier, charte de la corporation, sera donc un décalque réduit, et approprié à un objet déterminé, du milieu social. Nulle liberté, au sens moderne de ce mot, n'y sera consentie aux membres de la corporation ; la religion, imposant ses rites à tous les actes de la vie de relation, sanctionnera le lien corporatif, et nul hérétique, nul infidèle ne sera admis à la communion industrielle. Nulle égalité, sinon pour les égaux de fait, les maîtres de métiers, ne sera établie entre les membres de la corporation. Les fonctions d'autorité seront bien dévolues par suffrage, les syndics ou consuls auront bien droit de délibération et leur gestion sera bien conforme aux volontés de leurs mandants censitaires. Mais que seront ces volontés enlisées dans la coutume et pour lesquelles tout droit, ainsi que toute institution, se justifie par son existence et devient plus vénérable, donc intangible et indiscutable, à mesure que son ancienneté permet moins d'en rechercher l'origine et la raison d'être !

Mais au dehors, dans la société, des faits et des sentiments nouveaux en ont peu à peu modifié la structure économique et politique. Bien loin de s'y adapter, la corporation s'y est opposée, se refermant sur elle-même, isolant du monde extérieur ses membres et tournant même contre lui les manifestations de leur activité, qu'elle emploie jalousement à son usage exclusif. Cependant, les modes de production et d'échange nouveaux et plus étendus créés en dehors d'elle l'entourent, la dominent sans la pénétrer, et achèvent par cette pression d'y raréfier l'air respirable. Pour lui échapper dans la mesure du possible, les membres subordonnés de la corporation, jusque-là soumis et résignés, s'organisent secrètement à part en compagnonnage, ou publiquement en confrérie sous la bannière du saint patron de la catégorie ouvrière. Ici, l'option et la délibération interviennent déjà un peu plus que dans la formation primitive : n'étant pas, comme les maîtres, attachés héréditairement à la corporation, les compagnons ont apporté en y entrant l'air du dehors. Ils ont pris ainsi conscience de leur infériorité statutaire et de leur puissance virtuelle ; et le désir d'une existence autonome entre semblables leur est venu.

VI. — LA SOCIÉTÉ PÉNÈTRE L'ASSOCIATION ET LA TRANSFORME

Mais ces vivants sont gouvernés, eux aussi, par leurs morts. De plus, le secret même auquel ils sont tenus pour former leurs agrégations et coalitions les astreint à une forte discipline. Des initiations progressives, inspirées par la prudence autant que par l'imitation, placent à des degrés hiérarchiques divers les membres du compagnonnage, qui se trouve ainsi être un décalque de la corporation, comme elle-même à son origine le fut de la société générale. Le conformisme religieux et moral y complète le nécessaire conformisme professionnel. Les degrés d'initiation, devenus des degrés de subordination, font des « apprentis » les valets et les patiras des « compagnons », dont ils sont bien, dans le chantier ou l'atelier, des concurrents, mais des concurrents infériorisés par les statuts du compagnonnage, ces statuts allant jusqu'à réserver aux compagnons le travail dans les villes. Les scissions qui se produisent dans le compagnonnage, et qui sont un premier signe de l'éveil des initiatives et des sentiments individuels transmis par ébranlement aux collectivités, contractent et referment cependant les groupes, en affermissent la discipline et y renforcent l'esprit de corps. En sorte que, pour un temps, ce premier ébranlement maintient les membres du compagnonnage à l'état de séparation et d'opposition non seulement au regard de la société générale, mais de leurs camarades mêmes affiliés à d'autres groupes. Comme la lutte entre compagnonnages de même profession s'exprime en concurrence pour le travail en face de la corporation demeurée homogène, pour la catégorie des maîtres tout au moins, ils perdent ainsi une partie des profits que pourrait leur procurer l'association.

Cependant leur organisation à part, en dehors et au-dessous des lois, permit aux compagnonnages d'éviter le sort des corporations. D'ailleurs, même s'ils eussent possédé l'existence publique et officielle des corporations, les compagnonnages n'en auraient pas moins échappé à la mort réelle, sinon juridique. Il faut se rappeler en effet que les corporations agonisaient déjà lorsque Turgot les raya du livre de vie. Elles ne subsistaient plus guère, dans le vaste développement industriel et commercial acquis par la nation depuis le XVIe siècle, qu'à l'état d'îlots archaïques dans les grandes villes, où mille concurrents individuels établis dans les faubourgs les enfermaient dans un cercle des plus restreints. Toutes les industries nouvelles qui s'étaient créées dès les premiers temps de la Renaissance, les grands établissements commerciaux et les entreprises de navigation suscités par la sécurité croissante et l'agrandissement du marché d'outre-mer avaient échappé, à leur naissance même, au réseau corporatif. Parallèlement, les salariés nouveaux que ces établissements avaient appelés, ne trouvant pas devant eux la corporation, ne s'étaient pas organisés en compagnonnages, ni affiliés à ceux qui existaient, car on ne les y eût pas admis, avec le particularisme qui y régnait.

Les compagnonnages survécurent donc aux corporations, parce qu'ils n'avaient pas, comme elles, épuisé leur raison d'être. Si restreints, fermés et autoritaires qu'en fussent les « devoirs » divers et opposés, ils remplissaient vis-à-vis de leurs membres une très utile fonction de secours et de placement que les syndicats ouvriers d'aujourd'hui, sauf exceptions encore trop rares, ne remplissent guère. Quant aux quelques confréries ouvrières qui existaient encore en 1789, elles se transformèrent en sociétés de secours mutuels et achetèrent un peu de sécurité en se plaçant sous le patronage philanthropique des bons bourgeois de leur quartier ou de leur localité. Sous ce couvert, elles appelèrent peu à peu les salariés des professions que n'incorporait pas le compagnonnage. Mais les uns et les autres, mutualistes et compagnons, demeuraient une minorité sporadique dans la masse ouvrière que chaque invention nouvelle, chaque transformation industrielle, devait grossir au cours du XIXe siècle.

Ces formations évoluées avaient cependant reçu de l'ébranlement révolutionnaire un choc qui leur rendait impossible un arrêt dans ce nouvel état. En dépit de ses membres donateurs, de ses patrons laïques et ecclésiastiques, la société de secours mutuels organisait derrière cette respectable façade l'entente des ouvriers de même profession pour le salaire plus élevé ou la journée moins prolongée ; elle transformait la caisse de secours pour la maladie en caisse de résistance pour la grève, où elle entraînait la masse des non-incorporés, faisait en un mot office de syndicat professionnel. Et bientôt, ainsi, le syndicat apparut derrière la façade mutualiste, d'abord durement réprimé par les lois de 1791 et de 1834, ensuite toléré, et enfin pourvu en 1884 d'un statut légal. Dès les premiers temps de la période de tolérance, le syndicat se détacha de la société de secours mutuels, et ils poursuivirent séparément leur objet propre, sauf dans les cas peu nombreux où le syndicat, incorporant et subordonnant la société de secours mutuels, en fit un de ses services annexes. Quant aux compagnonnages qui s'obstinèrent à maintenir l'ancien statut hiérarchique et autoritaire, ils allèrent sans cesse en déclinant, tandis que les « devoirs de liberté » devenaient, même sous leur titre ancien, de purs et simples syndicats fondés sur la liberté et l'égalité de leurs membres.

Ainsi passèrent de l'état de contrainte à l'état de contrat, et des règles de la coutume à celles de la délibération, les associations professionnelles, tandis que disparaissaient à peu près toutes les autres catégories d'association de l'ancien régime, tant économiques qu'idéologiques, judiciaires, militaires et politiques ; un milieu social nouveau, plaçant l'individu en face de l'État, les dissolvait dans l'individualisme ou dans la puissance publique, désormais chargée de remplir leur fonction.

VII. — L'ASSOCIATION SELON L'INDIVIDUALISME MODERNE

Aujourd'hui, il n'est pas un mode de l'activité humaine qui ne soit porté au plus haut degré par l'association ; et si la plupart des formes d'association de l'ancien régime ont disparu, bien plus par caducité sociale que par le développement de l'individualisme, d'autres ont surgi à mesure du besoin qu'on en éprouvait, et elles se sont conformées aux sentiments nouveaux de liberté et d'égalité. D'autre part, on l'a vu plus haut, certaines corporations privilégiées, certains organes collectifs nécessaires ont été reconstitués, et il en a été créé de nouveaux, en même temps que l'Église, gouvernement spirituel lié au temporel plutôt qu'association, reformait ses congrégations d'hommes et de femmes sur l'ancien plan.

Mais corporations et congrégations, toutes plus ou moins fermées, hiératiques, autoritaires, pourvues de monopoles, sont plutôt des survivances de l'ancienne association de contrainte que des produits de la délibération et du contrat. Parmi elles, les unes ne possèdent guère, et les autres point du tout, les caractères distinctifs de l'association moderne fondés sur la liberté d'option. C'est la raison pour quoi la société civile n'a jamais reconnu l'existence et la validité des congrégations qui lient l'individu par les vœux perpétuels d'affiliation et d'obéissance : la liberté d'option consiste à pouvoir se retirer aussi bien qu'à entrer ; elle ne doit pas se perdre par le fait de l'entrée de l'individu dans l'association, et nul contrat valable en droit ne peut le lier à elle. Lorsqu'un éloquent rhéteur, défendant les congrégations à la tribune de la Chambre, affirmait naguère que l'exercice le plus noble de la liberté consiste dans le renoncement à la liberté, il qualifiait ou disqualifiait, comme on voudra, le sens métaphysique et arbitraire que la plupart des esprits attachent encore au mot de liberté. Ceux-là, en effet, ne tiennent la liberté pour réelle et acquise que si elle peut se détruire elle-même, et ils étendent la notion de son absolu jusqu'au néant. Sitôt qu'elle se précise, elle se limite, et alors ils n'en veulent plus. L'ont-ils jamais voulue, dans sa réalité substantielle et tangible, et non pour quelques-uns, mais pour tous ? Il est permis d'en douter.

L'association réelle, celle qui reflète le mieux l'individualisme fondamental du monde moderne, dont le statut politique lui-même se fonde de plus en plus sur le contrat et la délibération, est donc celle qui réunit les conditions suivantes :

1° Elle ouvre ses portes à qui veut y entrer ou en sortir ;

2° Tous ses membres sont égaux entre eux ;

3° Elle se limite à son objet propre ;

4° Elle n'engage ses membres que pour cet objet ;

5° Elle s'étend par propagation, incorporation, fédération, et non par contrainte, conquête ou subordination des éléments extérieurs ;

6° Elle entreprend ou indique les innovations que les particuliers trop faibles ou l'État trop lent à agir ne sauraient réaliser ;

7° Elle se développe à l'abri et dans les limites des lois, tout en les transformant d'instruments de contrainte en instruments de contrat.

On objectera que ces conditions sont plutôt idéales et théoriques que réelles et positives. Faut-il rappeler que ce n'est pas une opération de l'esprit qui les pose, et qu'elles ne sont pas un produit de la raison pure ? Les plus importantes, en effet, ne sont pas seulement fondées sur les principes du droit commun, mais encore juridiquement imposées aux associations, notamment la liberté d'option et la limitation des engagements de l'associé à l'objet propre de l'association. Pour ces conditions et pour les autres non sanctionnées par le droit commun, la plupart des associations existantes les réalisent déjà en partie et manifestent une tendance croissante à les réaliser toutes complètement. Il s'agit donc de règles théoriques extraites de l'observation des phénomènes en mouvement, et jamais moment ne fut plus propice à une telle observation que celui où nous sommes.

Bien des signes contraires semblent infirmer cette observation ; dominés par la vieille notion de l'antagonisme entre l'individuel et le collectif, de nombreux esprits voient encore avec inquiétude des survivances, et les prennent pour des reviviscences. De ce que l'avenir se fait avec les éléments du passé, ils concluent à un retour prochain aux institutions mortes, et prédisent que l'association, vers laquelle tendent toutes les activités, nous ramènera aux passivités et aux servitudes de jadis. Il ne faut pas que les inévitables survivances individuelles et collectives que manifestent les associations les mieux organisées nous abusent ; il ne faut pas que les arbres morts et point encore abattus, en qui la sève ne circule plus que par l'écorce pour garnir d'un feuillage épais les branches qui leur restent, continuent de cacher la forêt aux regards jusqu'ici trop habitués à se reposer sur les apparences et les surfaces.

Selon l'inévitable rythme de tout développement progressif, l'association, comme tous les phénomènes sociaux, traverse des phases de santé et de maladie, et accuse parfois, à la suite d'une longue régression apparente, des transformations considérables. Il arrive même que ces transformations s'opèrent en elle par un nécessaire retour en arrière ; tel Antée puisant de nouvelles forces au contact de la terre maternelle, elle fait de l'avenir en revenant au passé pour un instant. Ne voit-on pas, par exemple, les syndicats fédérés traquer impitoyablement les ouvriers réfractaires à l'association et imposer à leurs membres des disciplines qui font crier à la tyrannie syndicale et réapparaître le spectre de la corporation obligatoire et fermée ? Peut-on nier cependant que l'ouvrier soit plus libre individuellement devant l'employeur, — et libérer celui-là de celui-ci est l'objet principal du syndicat, — depuis que cette « tyrannie », qui d'ailleurs ne lui est pas extérieure, s'est abattue sur lui ? Inversement, ne voit-on pas des sociétés de biens, associations d'une nature toute particulière, ou des coalitions d'industriels employer les moyens de la libre concurrence à la suppression de la libre concurrence et, en même temps, par leurs forces collectives organisées, tendre à régler la production, non dans la mesure des besoins du consommateur, mais dans celle des profits les plus gros, en même temps que les plus certains et les plus constants ?

VIII. — VÉRIFICATION SOMMAIRE DES LOIS DE L'ASSOCIATION

Les conditions indiquées ci-dessus sont si peu un produit de la raison pure, elles sont si précisément dans le sens du mouvement et de la tendance réels de l'association, qu'il suffit d'observer les faits d'un passé relativement récent pour acquérir la preuve de leur valeur scientifique. Ce qui égare certains esprits positifs, mais d'une positivité un peu étroite et unilatérale, c'est l'idée qu'ils se font des Droits de l'homme, sur lesquels repose la société civile et politique moderne. Cette affirmation *a priori* de liberté, d'égalité, d'individualisme, de contrat, ne leur dit rien qui vaille. Comment pourrait-on construire une théorie sociale sur des bases aussi peu scientifiques ! Faut-il donc qu'une fois de plus les faits obéissent à l'idée, et allons-nous donc nous entêter dans ce que M. Brunetière a appelé « l'erreur du XVIIIe

siècle », qui, pour lui, consiste à recréer le monde social sur le plan de la raison, alors que nous avons pour guides sûrs l'instinct et la tradition ?

C'est bien vite fait de s'en prendre aux Droits de l'homme et de ne voir dans cette déclaration qu'une œuvre de l'esprit sans lien avec les faits, sinon pour les dominer et les comprimer. Si vraiment les idées-forces avaient, d'elles-mêmes, une aussi grande puissance, — et celle des Droits de l'homme refait après dix-huit siècles la preuve déjà fournie par l'Évangile, — elles mériteraient tout au moins que les trop positifs et exclusifs tenants de l'instinct héréditaire et de la tradition eussent pour elles un peu plus d'égards. Mais, sans nier cette puissance, au contraire, ne peut-on la considérer comme fondée sur des besoins réels ? Les Droits de l'homme n'ont pas exprimé des faits existants, c'est entendu ; ils ont bouleversé même quantité de faits qui existaient et les ont rejetés dans le passé, c'est encore entendu. Comment donc expliquer cette puissance s'ils n'avaient pas exprimé des besoins réels, et traduit une conception nouvelle des rapports humains, d'ailleurs née de profondes transformations religieuses, morales, politiques et économiques ?

Les idées-forces, et on ne peut qualifier ainsi que celles qui ont annoncé puis instauré des faits nouveaux, ne sont donc pas un produit arbitraire de la raison, si arbitraires qu'en puissent apparaître les formules. Les Droits de l'homme disent fort improprement, il faut en convenir : Les hommes naissent et demeurent libres et égaux. Entendez : Nous voulons que désormais les hommes soient libres et égaux, et le débat est clos. En effet, nous voulons parce que tout, autour de nous et en nous, le mouvement des choses et l'ébranlement consécutif des pensées, a suscité impérieusement ce vouloir.

L'association nous fournit une preuve évidente de cette vérité, exception faite pour les corps collectifs qui ont reçu de l'État privilège de vivre et prospérer, ou qui se sont encadrés dans un système collectif séculaire, tel que l'Église catholique, et ainsi participent à sa fortune historique. Nulle association, en effet, n'a pu méconnaître le principe fondamental d'individualisme qui est dans toute institution moderne sans se vouer dès sa naissance à un rapide déclin et à une prompte disparition. Tirera-t-on argument de l'exception faite et voudra-t-on voir en elle la règle, à laquelle finalement se plieront toutes les associations ? On ne le peut, car il n'y a pas là des associations proprement dites : ce sont des institutions annexes, des dépendances collectives des deux grands pouvoirs de l'ancien régime, dont le premier n'est pas encore entré totalement dans le régime démocratique, contractuel. Mais, c'est le moment de le répéter, partout l'État se transforme en instrument de démocratie et de contrat. Quant au second grand pouvoir, plus attaché encore que l'État au principe d'autorité, il ne pourrait pratiquer la démocratie et le contrat sans se dissoudre aussitôt ou sans perdre ses caractères distinctifs et se confondre dans le protestantisme, qui est une individualisation moderne du sentiment religieux.

Toute association qui a voulu incorporer l'individu total, se substituer à la société et, l'en isolant soigneusement, devenir pour lui la société unique, a disparu, non sous l'effort extérieur et hostile de la société dont elle se séparait, mais sous la pression centrifuge de tout ce que chaque associé avait apporté en lui de socialité générale. Les fondateurs d'icaries, de phalanstères et de clairières, après chaque échec, se consolaient par des appels à l'avenir, les hommes du présent étant censés n'être pas encore à la mesure du cadre social construit pour eux par les théoriciens. C'était, bien au contraire, parce qu'ils dépassaient ce cadre qu'ils n'avaient pu s'y assujettir.

C'est ainsi que disparurent tôt les quarante et quelques phalanstères qui se fondèrent aux États-Unis à la suite de la prédication fouriériste et à l'exemple de Victor Considerant. Seuls vécurent au delà de quelques courtes années, ou même de quelques mois, ceux-là qui retenaient leurs membres par le lien religieux, c'est-à-dire qui les avaient choisis au préalable parmi ceux qui, pour atteindre la vie éternelle, faisaient le sacrifice de leurs sentiments, de leurs habitudes, de leurs modes ordinaires d'existence pendant les brèves années de leur vie temporelle. L'Icarie, de Cabet, déchirée et affaiblie par tant de scissions, finalement disparue, n'infirme pas cette règle pour avoir végété une cinquantaine d'années : il peut tout aussi bien se former un état d'esprit religieux sur le déisme de Jean-Jacques que sur le tremblement de John Knox ou les communications spirites de Swedenborg. Aujourd'hui encore le mormonisme, qui repose économiquement sur une sorte de collectivisme coopératif, vit dans une prospérité relativement grande, quoique retranché au maximum possible de la vie sociale des autres habitants des États-Unis et privé volontairement de toutes les conditions d'individualisme intellectuel, moral, politique et économique du milieu général. Mais cette prospérité est analogue à celle d'un couvent qui fabrique des liqueurs non pour assurer à ses moines le bien-être matériel, ou la liberté civile et civique, mais uniquement pour leur fournir les moyens de se conformer aux règles conventuelles et ainsi de gagner le ciel après cette période d'épreuves terrestres.

L'association étant un phénomène de solidarité dans l'espace, comme le crédit est un phénomène de solidarité dans le temps, dira-t-on l'individu qui possède un crédit solide moins libre que l'individu contraint de régler sa dépense sur son gain actuel sans aucune avance sur ses gains futurs, si élevés doivent-ils être? Ce serait déclarer que l'association industrielle qui mobilise la propriété rend un détenteur d'actions moins libre, et de ce chef moins maître de ses moyens de consommation, qu'un propriétaire immobilier. N'apparaît-il pas, au contraire, que le premier de ces propriétaires possède un bien plus immédiatement transformable, utilisable, en même temps que généralement plus productif?

De plus, dans la société de biens où il est engagé, il n'est engagé et responsable, en cas de faillite, que pour la part qu'il a souscrite. Que, propriétaire immobilier, il subisse un semblable malheur : la vente de son avant-dernière chemise pourra le laisser encore prisonnier de la dette. Pourquoi le propriétaire est-il ainsi favorisé dans cette association spéciale qu'est la société de biens? Parce qu'elle est fondée sur le double principe de la limitation à l'objet pour l'association et de l'engagement limité à cet objet pour l'individu. Une entreprise industrielle où chaque associé apporterait tout ce qu'il possède et qui se vouerait à tous les genres possibles de production mènerait promptement ses associés à la ruine.

IX. — L'ASSOCIÉ DANS LA DÉMOCRATIE MODERNE

Si l'on veut vérifier rapidement la solidité des conditions posées plus haut, on n'a qu'à jeter un coup d'œil sur les possibilités d'association offertes dès maintenant à l'individu dans un milieu social très moyen : on pourra constater que plus ces conditions sont observées et plus il reçoit de l'association, tout en se donnant à elle au minimum ; il réalise donc ainsi les placements de l'actionnaire expérimenté. Dès l'âge de trois ans, l'école maternelle l'inscrit, au gré de ses parents, dans ce cercle primaire d'association qu'est la mutualité, et le voilà membre d'une « petite Cavé ». Mais peut-être ce bambin n'est-il déjà plus un conscrit de l'association, et son père l'a-t-il, à sa naissance, assuré sur la vie, comme au temps du remplacement militaire il l'eût assuré contre le risque d'un mauvais numéro. Or, les assurances sont un mécanisme essentiellement mutualiste, même lorsque l'assuré ne participe pas aux profits d'entreprise.

Voilà donc notre homme qui, même avant de marcher, a fait son premier pas dans la voie de l'association :

laissez-le grandir, et il en fera bien d'autres. Adolescent, il entre dans un cercle d'associations très étendu. Les patronages confessionnels ou laïques, les associations d'anciens élèves d'une école, les « petites Amicales », en même temps qu'ils lui procurent des distractions aux heures de loisir, achèvent son instruction et son éducation. Avec ses camarades, il forme une caisse mutuelle, qui tour à tour munira d'argent de poche ceux qui devront passer quelque temps au régiment. Sorti d'apprentissage, où des associations protectrices ont veillé à l'observation des lois qui répriment l'abus que le patron pourrait faire de ses forces, et où des associations d'enseignement l'ont appelé à suivre des cours techniques et professionnels, il lie partie avec les jeunes gens de son âge et, selon ses goûts et ses affinités, s'affilie à des sociétés vélocipédiques, de canotage, de football, de gymnastique, d'instruction militaire, de récréation dramatique et lyrique, ou bien s'incorpore à une fanfare, à une chorale. Tout, autour de lui, est enseignement de sociabilité volontaire ; et chacun des cercles de sociabilité où le portent ses sentiments ou des entraînements juvéniles lui donne un maximum de plaisirs ou d'utilités pour un minimum de dépense ou d'efforts.

Au régiment, où ses chefs peuvent faire partie de la coopérative de consommation des armées de terre et de mer, notre jeune homme retrouve la mutualité, avec laquelle il a fait connaissance à l'école ; et, pour ajouter quelques extras à son ordinaire, il s'inscrit à la cantine coopérative. Rentré dans la vie active, il rejoint le syndicat de sa profession. Citoyen, il veut exercer sa part de souveraineté ; il adhère au comité politique de son choix. Croyant, il a l'association cultuelle, la société paroissiale, la confrérie, si toutefois les autorités ecclésiastiques consentent à lui rendre des droits qu'il exerça dans l'Église pendant de longs siècles, avant qu'elle fût devenue une monarchie spirituelle absolue. Incrédule, il a les associations de propagande laïque, de libre pensée. Plus conscient de son ignorance à mesure qu'il apprend davantage, il s'associe pour acquérir les connaissances nécessaires à son état ou dont il veut orner son esprit ; d'autres associations, telles que les universités populaires, lui donnent une instruction générale et civique. S'il est Parisien, il sait que Paris est un grand désert habité pour quiconque s'isole individuellement ou dans le groupe familial. Mais il est rarement un Parisien autochtone : il se rallie donc aux originaires de sa province natale, fait partie d'une des cent sociétés des Bretons de Paris, des Auvergnats de Paris, etc., qui se sont multipliées ces dernières années, voire des Parisiens de Paris si toute racine provinciale a été coupée en lui ; et les familles ébaucheront des mariages à l'ancienne mode, entre deux contredanses.

Marié, père de famille, il se fait coopérateur pour augmenter le pouvoir d'achat d'un salaire ou d'un traitement qui passe en entier à satisfaire les besoins du moment. Si les associations sportives ou artistiques de sa première jeunesse n'ont plus autant d'attrait pour lui, voici les sociétés de chasse et de pêche qui lui ouvrent leurs rangs. Soutenu et instruit naguère par les caisses des écoles et les sociétés d'enseignement, il s'y inscrit pour rendre à ses cadets ce qu'il a reçu de ses aînés. S'il a pris boutique, il se syndique avec ses concurrents contre le troupeau des consommateurs et il tente de tourner l'État contre eux : industriel, il fera des ligues pour la protection ; commerçant, pour le libre échange. Ouvrier, employé, commerçant ou industriel, une loi le gêne-t-elle ? Il s'associera à tous ceux qui pensent comme lui et demandera l'abrogation de la loi gênante. Les abus de l'administration publique l'émeuvent-ils ? Il entrera dans une ligue qui s'est donné mission de les combattre. Son conseiller municipal est-il nonchalant ou mal informé ? Il ira le stimuler au nom du comité des intérêts locaux, et pressera les travaux de viabilité ou obtiendra l'amélioration de l'éclairage public. Veut-il réaliser un progrès quelconque dans le domaine de l'action ou de la pensée ? Il existe autant de sortes d'association que de modes d'expression de l'action et de la pensée. Veut-il porter secours aux malheureux ? Il n'a que l'embarras du choix dans les œuvres nombreuses qui se vouent au soulagement de la misère humaine sous toutes ses formes. J'en passe...

En quoi cet individu, si complètement, si multiplement incorporé à l'association, a-t-il amoindri sa personnalité, et où aperçoit-on sa subordination comme individu ? N'apparaît-il pas, au contraire, que s'il a confié la satisfaction de ses besoins matériels, intellectuels et moraux à des associations diverses, et non à une seule où il serait subordonné et anéanti, cette satisfaction multiple sera portée au maximum par l'effet de l'association des efforts réduisant au minimum l'effort de chacun ? Que l'on compare sa liberté réelle, c'est-à-dire son pouvoir, à celle de l'isolé réfractaire à toute association, et une première réponse victorieuse viendra réduire l'opposition de ceux qui mesurent la liberté de l'individu à son degré d'isolement dans un univers dont chaque molécule n'existe que par les autres molécules, et où toute individualité est faite d'échange et de pénétration mutuelle, de solidarité dans le temps, dans l'espace, dans l'espèce et hors de l'espèce.

En somme, l'observation de l'association comme de l'individu vérifie la loi sociologique connexe de complexité croissante et de plus complète division du travail, à mesure que la société s'éloigne de l'état primitif. Dans cet état et dans ceux qui en sont le plus rapprochés, dans les régimes patriarcal et féodal, les fonctions simples de l'individu et ses actes de relation avec l'ensemble social pouvaient être enfermés dans le groupe organique et de contrainte, caste ou corporation, qui suffisait à les exprimer. Mais, à mesure que l'individu multipliait ses modes d'activité, et conséquemment ses rapports avec des catégories différentes d'individus, l'association devenait incapable de multiplier dans la même proportion ses fonctions et ses services, et forcément elle laissait échapper une part croissante de l'individu. Des besoins et des sentiments nouveaux surgissaient dans le milieu social ; faute de les pouvoir comprendre et satisfaire, l'association les niait, les combattait, en isolait ses membres, et, par cet état de cristallisation dans le développement général de la société et des individus, se condamnait à disparaître ou à se renouveler.

Elle a disparu, ou plutôt s'est renouvelée. Pour répondre aux besoins et aux sentiments nouveaux, l'association a dépouillé ses fonctions complexes, mais insuffisantes : et aujourd'hui apparaissent les associations multiples dont chacune répond à un besoin ou à un sentiment, et dont les fonctions simples, nettement limitées à un seul objet, n'engagent l'individu que pour cet objet et ne l'engagent que pour la portion de lui-même attachée à cet objet, qu'il s'agisse de ses intérêts, de ses biens, de ses sentiments ou de sa personne. L'association, ainsi, devient fonction, et fonction nécessaire et supérieure de la division du travail social. Celle du passé isolait l'homme de la société, ou l'y enfermait dans un cadre fixe, immuable ; celle du présent, dans toutes les tendances qu'elle manifeste, et que nous allons examiner plus loin en détail, permet de rétablir le rapport de l'individu à la société, dont il devient, dans une approximation croissante d'égalité avec les autres individus, un membre de plus en plus libre, c'est-à-dire capable d'agir délibérément dans le sens où le portent ses sentiments et ses intérêts. Grâce à elle, le contrat social n'est plus une fiction, et chacun peut y apporter sa signature.

CHAPITRE

L'INDIVIDU ET L'ASSOCIATION

I. — LES CONDITIONS DE LA LIBERTÉ D'OPTION

Théoriquement l'individu est libre de s'associer ou de se refuser à l'association ; mais, comme toute chose, sa liberté est conditionnée et déterminée par des causes multiples : sa structure mentale, sa condition économique et sociale, le milieu où il vit et les sentiments dominants de ce milieu. Si bien qu'il n'est pas essentiellement plus libre de s'associer ou de ne pas s'associer que ne l'était l'artisan du moyen âge d'échapper à la corporation ou le cadet de famille noble à l'Église : il est seulement déterminé par d'autres motifs, qui laissent une part plus grande à sa volonté délibérée et à son pouvoir d'agir.

L'individu poursuivant dans l'association des fins qu'il ne peut atteindre à l'état d'isolement, il tombe sous le sens qu'il ne peut s'associer qu'avec ceux qui poursuivent les mêmes fins ; il n'a rien à faire dans une association qui en poursuit d'autres. On ne s'associe pas pour s'associer, l'association n'étant pas un but, mais un moyen. La première loi française d'association, celle qui, en 1884, a sanctionné l'existence du syndicat professionnel, a bien reconnu à l'association ce caractère de moyen, sauvegarde de la liberté de l'individu, en stipulant que le syndicat ne serait ouvert qu'aux membres d'une même profession ou de professions similaires. Aussi est-ce fort justement qu'en 1892 la Cour de Douai a prononcé la dissolution de l'Association professionnelle des patrons du Nord, placée sous l'invocation de Notre-Dame-de-l'Usine. Ses administrateurs, des hommes politiques, des prêtres et des rentiers, ont été condamnés « pour s'être, dit l'arrêt, occupés de questions religieuses et politiques étrangères aux questions exclusivement professionnelles de l'industrie textile, notamment de la création de corporations religieuses, de l'utilité d'annexer au syndicat des corporations d'industries non textiles, de la création d'oratoires d'usines, des moyens de propager le journal la *Croix* dans les milieux ouvriers, de l'utilité de donner aux syndicats un caractère chrétien, d'organiser un pèlerinage ouvrier à Rome, de l'utilité d'encourager les retraites d'ouvriers et de patrons ».

Il est certain qu'en une semblable association, l'intérêt religieux était le principal, et l'intérêt professionnel l'accessoire. Par conséquent, l'ouvrier ou le patron qui eût voulu en faire partie pour assurer la défense de ses intérêts professionnels se fût exposé à servir à un tout autre but sans que le sien propre fût atteint ; d'autre part, fût-il désireux de ne s'affilier qu'à un syndicat réel, l'ouvrier n'était pas libre de refuser d'entrer dans cette confrérie religieuse lorsque son patron l'y conviait, car son refus l'exposait à perdre son travail.

Il n'y a donc d'association possible qu'entre semblables, c'est-à-dire entre individus intéressés à poursuivre les mêmes fins, et par conséquent semblables en un point. De même qu'un rentier n'a rien à faire dans un syndicat professionnel, un paralytique n'a rien à faire dans une société de gymnastique, ni un libre penseur dans une association cultuelle.

Cependant la liberté d'option de l'individu n'est pas entière du fait que, par ses sentiments ou ses intérêts, il se sent apte à s'associer. L'association, tout en ne lui déniant pas cette aptitude, peut lui fermer ses portes au nez en rendant inabordables les conditions d'admission. Dans les pays d'immigration, pour limiter le recrutement professionnel et maintenir le taux élevé des salaires, certaines unions ouvrières, telle l'Union des cuisiniers et maîtres d'hôtel de Chicago, établissent un droit d'entrée de quarante dollars, et contraignent les nouveaux venus qui n'ont pas cette somme dans leur poche à changer de métier. Mais, sauf dans ces pays et pour des corporations qui ont pu acquérir monopole de la main-d'œuvre, les cas de l'association fermée à quiconque est apte sont très rares, surtout dans les syndicats professionnels.

La liberté d'option est bien plus gravement contrariée par l'état de dépendance où se trouvent encore un très grand nombre d'individus, surtout parmi ceux qui vivent de salaire. Tout en se syndiquant eux-mêmes pour résister à la pression syndicale de leurs ouvriers, certains employeurs, peu confiants dans la force de leur union et de leurs capitaux, peuvent, comme le firent en 1905 les directeurs d'un des plus grands établissements métallurgiques de Berlin, détourner leurs ouvriers du syndicat, ou les inviter à le quitter en promettant par circulaire « à tous les mouleurs qui ne sont pas syndiqués, en cas de *lock out* général, un secours régulier qui sera de 10 pour 100 supérieur aux secours que les mouleurs syndiqués touchent de la fédération des ouvriers sur les métaux... sans leur réclamer la moindre cotisation ». Personnellement, j'ai connu un atelier sur la porte duquel, au lendemain même du vote de la loi de 1884, on lisait cet avis : « Ici, on n'embauche pas de syndiqués ».

Ce n'est pas pour les salariés seulement, et leur association professionnelle, que la liberté d'option peut être contrariée et même anéantie par l'état de dépendance de celui qui veut s'associer. On voit fréquemment les journaux catholiques publier la liste des francs-maçons d'une petite ville, et exposer ainsi ceux d'entre eux qui ont une clientèle riche ou cléricale au boycottage, c'est-à-dire à la ruine,

Ces restrictions à la liberté d'option ne sont pas les seules. Nous avons vu plus haut que l'association constituée pour un objet autre que celui qu'elle déclare, ou vouée en même temps à d'autres objets, empêche d'y entrer l'individu qui poursuit des fins propres à cet objet, puisqu'il n'y trouvera pas ce qu'il y cherche, ou ne le trouvera qu'en subissant, de gré ou de force, des conditions étrangères à cet objet. Lorsque, par exemple, la première coopérative française de production imposait une profession de foi catholique à ses membres, sous l'inspiration de Buchez, la liberté d'option des ouvriers bijoutiers en doré n'existait pas, eussent-ils eu par ailleurs l'aptitude professionnelle complète. « C'était, nous dit Corbon, dans le *Secret du Peuple de Paris,* quelque chose comme un ordre religieux et socialiste institué au sein de la société civile, et pour la régénérer. » Soit, mais ce n'était pas essentiellement une association de producteurs, vouant comme telle tous ses efforts à un objet unique. La religion n'y gagna guère, le socialisme pas davantage, la coopération encore moins.

Ce conformisme, ou confusionnisme, se retrouve aujourd'hui aussi vivace, dans certains milieux, qu'en 1840. Ne voit-on pas en effet en ce moment des syndicats révolutionnaires répugner au recrutement ouvrier et déclarer hautement qu'ils préfèrent demeurer à l'état de syndicats-squelettes, cadres de la révolte ouvrière qui transformera en paradis l'actuel enfer social ? Le syndicat de Notre-Dame-de-l'Usine imposait les pratiques religieuses à ses adhérents. Que fait donc d'essentiellement différent le syndicat ouvrier qui s'occupe de propagande antimilitariste auprès des conscrits ou conseille le malthusianisme aux pères de famille? N'écarte-t-il pas l'ouvrier qui veut trouver dans le syndicat le moyen de défendre ses intérêts professionnels et qui doit, s'il a d'autres besoins à satisfaire ou d'autres sentiments à exprimer, pouvoir en chercher les moyens dans d'autres associations, appropriées à ces besoins et à ces sentiments.

Le conformisme des associés écarte de l'association l'individu soucieux de sa liberté. Il peut tout aussi bien contraindre les isolés à s'associer, n'eussent-ils aucun intérêt à le faire. Nous avons vu que ce peut être le cas pour les ouvriers que les « patrons chrétiens » veulent détourner du syndicat spécifiquement professionnel. La preuve d'une telle contrainte nous est donnée d'une manière saisissante par la manière dont les ouvrières sont réparties dans les syndicats. On sait que les femmes sont moins que les hommes portées à l'association, et les raisons s'en devinent sans peine. L'association professionnelle ne fait pas exception à la règle, et le nombre des femmes syndiquées est relativement peu élevé. Cependant les statistiques nous révèlent : 1° qu'au regard du contingent masculin correspondant, elles sont plus nombreuses dans les syndicats mixtes que dans les syndicats purement ouvriers ; 2° que c'est dans les syndicats mixtes que se trouve le plus fort contingent féminin syndiqué. Lorsqu'on sait que le syndicat mixte est un acte de la volonté patronale, et non le résultat d'une délibération entre semblables pour des fins communes, on saisit tout de suite la cause de cette anomalie apparente. L'ouvrier se syndique quand il peut. L'employeur syndique ses ouvrières, et se les subordonne dans le syndicat, redevenu la corporation, comme dans l'atelier.

L'isolé trouve encore un obstacle à sa liberté réelle, et c'est actuellement le plus grand. Cet obstacle réside en lui-même, dans son ignorance des avantages que peut lui procurer l'association. Car la liberté n'est pas toute dans la faculté de pouvoir matériellement : elle est encore un exercice de volonté délibérée, c'est-à-dire sans obstacles intérieurs comme sans obstacles extérieurs. Il tombe donc sous le sens que l'individu qui délibère ses motifs en connaissance de cause, agira plus librement, c'est-à-dire remplira plus aisément et plus complètement l'objet qu'il se propose, que celui qui, par ignorance, croira pouvoir se suffire à lui-même dans l'isolement et dans la lutte ; et, s'égarant sur le choix même des moyens de sa liberté, il demeurera sous le double arbitraire intérieur et extérieur qui le domine : l'arbitraire de son ignorance et l'arbitraire des plus forts.

II. — LA LUTTE CONTRE LES ISOLÉS

Comme tout ce qui vit, l'association trouve dans le milieu où elle est placée les éléments de son existence, et il lui faut les conquérir sur ce milieu. Ses rapports avec lui seront donc nécessairement des rapports de lutte, soit qu'elle tende à se développer, soit qu'elle veuille simplement se préserver de la destruction. Elle cherchera donc à incorporer, de gré ou de force, par persuasion ou par pression, ses ressortissants naturels, c'est-à-dire les isolés qui poursuivent des fins identiques aux siennes par des moyens de lutte individuelle. Son conflit primaire avec le monde extérieur réside donc dans la lutte contre les isolés, l'effort accompli par eux pour des fins identiques aux siennes étant un obstacle à ses propres fins. Le salarié isolé, par exemple, pense trouver le salaire le plus élevé dans un labeur intensifié : il entre ainsi en lutte avec ses compagnons de travail. S'ils l'imitent, leur concurrence mutuelle aura pour effet l'avilissement du salaire par l'abondance du travail fourni. Le syndicat ouvrier, qui a également dans ses fins la poursuite du salaire le plus élevé, ne peut être que l'adversaire naturel de tels isolés, puisqu'il se propose de supprimer la concurrence entre vendeurs de travail afin de les opposer en masse aux acheteurs, c'est-à-dire d'élever la lutte du premier degré au second.

Cette lutte inévitable, nécessaire, des associés contre les isolés est donc pour l'association une question de vie ou de mort, et ne peut cesser que par l'incorporation du dernier isolé ou la destruction de l'association. Dans ce cas, qui est le plus général, l'association lutte à la romaine : elle ne veut pas supprimer ceux qu'elle combat, mais les incorporer et leur procurer l'objet qu'ils poursuivent en vain à l'état d'isolement. Il n'en est pas de même des associations industrielles et commerciales, qui, à l'exemple des conquérants primitifs, ne visent qu'à l'extermination économique des concurrents isolés ou à leur asservissement.

L'association lutte pour la vie, mais aussi pour l'empire. Sa tendance organique est de ne concevoir aucune limite à son développement et de considérer tout le monde extérieur comme son domaine éventuel. C'est ce que Proudhon exprimait avec énergie lorsqu'il disait : « On s'associe contre tout le monde ». C'est exact, puisque l'association est en rapports d'action et de réaction sur les associations et les individus qui poursuivent les mêmes fins qu'elle-même, sur les associations et les individus qui contractent ou échangent avec elle ou avec ses membres, sur l'État et ses lois qui représentent l'ensemble de la société. Mais c'est par la lutte contre les individus, surtout les isolés, qui poursuivent des fins identiques aux siennes, qu'elle manifeste son vouloir-vivre avec le plus d'énergie.

En cela, l'association moderne ne diffère des associations du passé que par les procédés. L'association religieuse, l'Église dominante dans un pays, entendait soumettre à sa foi tous les individus, et elle employait le bras séculier à l'extermination des dissidents isolés ou associés pour un autre culte. De son côté, la corporation traquait les artisans réfractaires et persécutait les compagnonnages. Quand le syndicat des raffineurs impose aux raffineries isolées un maximum de production, sous peine d'être ruinées par un abaissement concerté du prix de vente, il n'agit pas différemment. Et en organisant leur suprématie par suppression ou incorporation des isolés, les associations tendent à se subordonner, par l'union de tous les membres de la catégorie ou l'élimination des réfractaires ou surnuméraires, tous les individus qui contractent ou échangent avec elles. Le syndicat d'industriels, le comptoir, le trust luttent contre les isolés ou les associations similaires pour avoir le monopole du marché, c'est-à-dire dominer la masse des consommateurs.

L'association confessionnelle ou idéologique lutte pour imposer à tous, ou les y gagner par la persuasion, sa conception générale de la vie future ou présente, et il semble bien qu'à ce titre elle offre un caractère plus élevé, plus désintéressé, que l'association industrielle ou commerciale. En réalité, lorsque l'association religieuse a eu possible d'arriver à ses fins par d'autres moyens que la persuasion, elle ne s'est pas fait faute de les employer, d'autant que la domination spirituelle assurait en même temps à ses chefs la domination temporelle. Les conquêtes religieuses ne peuvent plus se faire aujourd'hui à la manière de Mahomet ou de Simon de Montfort; mais les Églises établies possèdent en tous pays, par leurs adhérents riches, des moyens de contrainte économique dont ceux-ci se font d'autant moins faute d'user que la foi et les dogmes sont à leurs yeux une discipline sociale. Quant aux conquêtes idéologiques d'ordre purement social, on sait que les socialistes n'ont pas encore tous renoncé à employer la force pour contraindre la majorité à accepter d'eux un statut social meilleur que celui du présent.

Cependant, il existe, entre les associations économiques et les associations religieuses et idéologiques, surtout en notre temps, cette différence fondamendale qui porte les premières à se limiter et à se fermer pour dominer l'ensemble des individus, tandis que les secondes tendent à incorporer tous les individus. Il est vrai que, dans l'association religieuse, et surtout l'organisation catholique, ce n'est pas pour établir entre les membres de la communion des rapports de liberté et d'égalité, mais d'autorité et de hiérarchie, qui placent ses chefs sinon en dehors, du moins au-dessus de la communion, et l'égalité ne s'y fait qu'à la mort.

Le syndicat professionnel ouvrier est une association à la fois économique et idéologique, puisqu'il poursuit en même temps les fins particulières de la corporation et les fins générales de la classe vivant de salaire, c'est-à-dire la défense du pain quotidien et la conquête du produit intégral du travail. Il a donc à lutter contre les isolés de la catégorie professionnelle, afin de la défendre plus efficacement contre les employeurs de cette catégorie, puis, par fédération de toutes les catégories, à entreprendre l'organisation de classe pour la conquête du domaine économique. Il poursuit donc à la fois l'incorporation des semblables isolés et la disparition des contraires, isolés ou associés, et manifeste ainsi son double caractère idéologique et économique; ces deux caractères sont d'ailleurs si étroitement unis en lui qu'ils se confondent. Il s'agit bien moins en effet pour l'ouvrier syndiqué de faire disparaître le capitaliste ou le patron que de l'incorporer à sa place propre dans la division du travail associé, après l'avoir dépouillé de tous ses caractères parasitaires.

Comment l'isolé pourra-t-il se défendre contre l'association ? Il n'y a qu'à observer les faits pour se convaincre que, nulle part, les isolés n'ont pu tenir contre elle à moins que de faire acte d'association, fût-ce temporairement ou d'une manière intermittente. L'Église veut-elle entreprendre sur la conscience de tous ? L'État, — et c'est, par le statut démocratique moderne, une association civique, — intervient pour assurer la liberté de croire ou de ne pas croire. Les cléricaux, dans une localité, entreprennent-ils de tracasser ceux qui ne le sont pas ? Il surgit devant eux une société de libre pensée qui, parfois, lorsqu'elle se sentira forte, n'aura que trop de tendance à tracasser ceux qui la tracassaient la veille. Ou bien encore, il surgira d'entre eux des esprits calmes et modérés, qui prétendent limiter le don de leur personne à la catégorie religieuse, sans empiètement politique ou économique, et qui s'associeront pour faire un schisme ou adopter une hérésie.

Mais c'est surtout en matière économique que toute

espérance doit être enlevée aux isolés. Contre l'association, ils n'ont vraiment que la ressource de Gribouille, c'est-à-dire de se jeter dans l'association. C'est ce qu'ont dû faire l'an dernier les ouvriers isolés de Laval pour échapper à la « tyrannie collectiviste » du syndicat révolutionnaire. C'est la formation ouvrière dite « jaune » qui a bénéficié de cette incorporation d'isolés, et elle a la plupart des caractères du syndicat mixte, où sont confondus les intérêts ouvriers et patronaux dans ceux de la profession, en réalité ceux des employeurs. Cette sorte de syndicats ne groupe pas des égaux et elle prolonge dans son sein les subordinations économiques et sociales de l'atelier.

Mais la force des choses est plus forte que les expédients de lutte imaginés par le patronat. Et de même qu'on a vu récemment les syndicats catholiques s'associer aux syndicats indépendants dans la grève des mineurs de Westphalie, on entend déjà des syndicats jaunes affirmer que la défense ouvrière est l'essence même du syndicat ; et l'on a vu, en août 1905, le syndicat jaune des tabacs de Châteauroux décider la grève par solidarité avec le syndicat d'Orléans. Que disparaissent les syndicats-squelettes et leur conformisme révolutionnaire, et tout ce qui, dans les syndicats jaunes, n'est pas artificiel et de contrainte, s'en ira rejoindre les formations syndicales régulières.

Même pour ces isolés par définition que sont les consommateurs, l'association est un moyen de défense contre toute coalition tendant à faire les prix à sa convenance. Si les trusts ont pu s'imposer aux États-Unis et les cartels en Allemagne, c'est parce que cette association politique qu'est la société moderne tourne parfois contre elle-même, par défaut d'expérience, ses propres moyens de défense. Que les parlements de ces deux pays passent des mains des chefs de la production à celles des consommateurs, et l'on verra s'abaisser les barrières douanières à l'abri desquelles ont pu se former trusts et cartels. Ceux-ci alors disparaîtront, ou tout au moins seront contraints de ne plus donner que leurs effets utiles.

Parfois même les efforts privés suffisent à briser des coalitions économiques, quand elles ne dominent qu'un espacc réduit, mais c'est à condition que les victimes de ces coalitions se coalisent elles-mêmes. C'est ce qui est arrivé au commencement de mai 1905 à Brest, où les syndicats patronal et ouvrier s'étaient accordés pour la fermeture des boulangeries le dimanche. Désireux de satisfaire leur clientèle, les hôteliers se sont réunis et ont fait appel à la population pour fonder une boulangerie coopérative qui donnerait du pain frais le dimanche comme les autres jours. Lors de la mise en vigueur de la loi sur le repos hebdomadaire, les syndicats d'ouvriers boulangers parisiens, mieux inspirés que celui de Brest l'année précédente, ont refusé de faire cause commune avec leurs patrons, qui ne voulaient fermer le dimanche que pour s'associer aux protestations du petit commerce contre la loi, indisposer le public contre elle et tenter de la faire abroger par l'excès même de son application. On verra plus loin que les syndicats ouvriers tendent de plus en plus à ne rien entreprendre contre le public, l'expérience leur ayant donné d'assez dures leçons.

III. — LA LIBERTÉ DE L'INDIVIDU DANS L'ASSOCIATION

La liberté d'option, à l'entrée ou à la sortie de l'association, n'est donc pas entière et absolue, même dans celle qui se limite strictement à son objet et n'engage ses membres que pour cet objet. Nul isolé ne peut lutter efficacement contre l'association de la catégorie à laquelle il ressort, soit par ses intérêts, soit par ses sentiments, sans en pâtir dans ses intérêts ou ses sentiments. Aussi, en fin de compte, il se réfugie dans l'association, non pour échapper à l'association — on lui échappe de moins en moins — mais pour n'être associé qu'aux individus dont les intérêts et les sentiments sont identiques aux siens, et non à ceux qui ne serviraient pas à son gré ses intérêts, ou violenteraient ses sentiments. En dernier ressort, c'est donc en cela, bien plus que dans la faculté de ne pas s'associer du tout, que consiste la liberté de l'individu.

Mais à quelles conditions l'individu sera-t-il libre dans l'association ? La première de toutes, évidemment, c'est que tous les actes de l'association soient fondés sur la délibération commune, et non sur un statut immuable d'autorité et de hiérarchie imposé à l'entrée et subi par l'associé, ou plutôt l'agrégé, en totale abdication de sa personnalité. Si cette condition est remplie, l'associé acquiert la même liberté qu'un citoyen dans la cité moderne, où règne également la loi des majorités. Même, l'association étant moins étendue et possédant des organes moins complexes que la société, l'individu y exerce directement des droits que dans la cité il n'exerce d'ordinaire que par délégation : il nomme ses fonctionnaires à l'élection, et par le même moyen ceux qui les contrôleront. Il peut ne pas déléguer des mandataires pour les décisions qui mettent en cause l'existence même de l'association, mais délibérer sur ces décisions en assemblée générale, alors que, dans l'État, ses députés auront pouvoir de décider de la paix et de la guerre. L'état de démocratie est donc réalisé bien plus complètement par l'association fondée sur un statut de délibération que par la société, association de fait qui ne réalise encore que très approximativement et partiellement l'idéal contractuel.

De quelque point de vue que l'on se place, il n'est pas contestable que la liberté de l'individu est à la mesure de son pouvoir de délibération, puisqu'il n'agit pas dans l'abstrait et dans le vide, mais en relation avec d'autres individus. Les adversaires de droite et de gauche de la loi des majorités ne sont pas plus conséquents les uns que les autres dans leur critique. Que les lois soient faites par la majorité ou reçues par la tradition, en effet, elles n'en subsistent pas moins, tant qu'elles conservent leur empire, par le consentement exprès ou tacite de ceux pour qui elles sont faites, donc la majorité. Sont-elles un legs de la tradition? Ce n'est pas l'autorité morale du monarque et l'activité de ses fonctionnaires, pas même le nombre de ses baïonnettes, qui maintiennent les foules dans l'obéissance à ces lois. Si elles ne consentaient pas à obéir, si elles voulaient se donner d'autres lois, si celles-là n'étaient pas de leur consentement — et que ce consentement soit fait d'ignorance et de stupidité, cela ne change rien, au contraire, — les baïonnettes manqueraient aux lois de tradition, comme elles leur ont manqué en 1789, et des lois de délibération surgiraient.

Donc, en tout état et partout, en autocratie acceptée comme en démocratie délibérée, dans l'association comme dans la société, les règles destinées à exprimer les rapports des individus entre eux, à fixer leurs droits, sont bien sous la loi de la majorité ; et la critique de ses adversaires de droite est simplement un aveu de leur préférence en faveur de l'obéissance irraisonnée aux traditions et aux habitudes vis-à-vis du raisonnement, de la délibération et de la liberté. Quant à ses adversaires de gauche, individualistes en proie à l'ivresse métaphysique de l'arbitraire, leur critique est encore moins solide. Ils peuvent en effet, à la rigueur, supprimant tout contact volontaire avec leurs semblables, se refuser à l'association : il leur est impossible de se dérober de la même manière aux lois générales de la société où ils vivent ; et le seul résultat de leur abstention dédaigneuse est un assujettissement à des lois que leur effort eût peut-être supprimées ou améliorées. C'est une ridicule bouderie, semblable à celle des enfants qui se privent de dessert pour marquer leur mécontentement, et se contenter à leur manière.

Il n'y a pas d'état de sociabilité, si peu étendu dans sa durée, ses dimensions ou ses attributions, qui n'ait ses règles. Au moment où sévissait le paradoxe anarchiste dans toutes ses fantaisies, les anarchistes les plus individualistes n'en exprimaient pas moins l'incompressible sociabilité qui est en tout être vivant, à la mesure même de son développement, par une très active propagande de réunions publiques. Or, si brève qu'elle soit, une réunion n'en est pas moins une association d'hommes réunis pour un objet commun. Dans ces réunions anarchistes, le « fays ce que vouldras » le plus illimité était prêché avec une audace intellectuelle, et surtout verbale, éperdue. C'est là qu'un jour j'ai entendu affirmer que si le bon plaisir d'un mécanicien était d'arrêter en pleins champs sa locomotive et de faire un bouquet pour sa mie, les voyageurs n'auraient rien à y redire. Eh bien, ces réunions avaient leur règlement : les orateurs y demandaient la parole et la recevaient d'un président. Mais ce président, qui remplissait dans cet État de deux ou trois heures et de cent mètres carrés la fonction de gouvernement, avait été débaptisé : on l'appelait le « délégué à l'ordre ».

Certes, il y a bien à dire sur les majorités et leurs lois. Mais comment le faire si au lieu d'être dans la minorité qui éclaire et prépare un meilleur avenir, on se soustrait le plus possible à toute sociabilité ? Qu'on n'invoque pas l'exemple de l'*Ennemi du Peuple*. car il se retourne contre les individualistes de l'isolement. Le brave Dr Stockmann, en effet, après avoir lutté contre tous ses concitoyens, renonce si peu à la sociabilité que, sous les pierres qui brisent ses carreaux, il crie à son fils de lui amener les galopins de la ville, afin qu'il puisse leur enseigner à être plus sociables, c'est-à-dire plus intelligents de l'intérêt commun, que leurs grossiers parents.

IV. — OBSTACLES AU DÉVELOPPEMENT DE LA LIBERTÉ

Dans l'association, comme dans l'État démocratique, la majorité peut n'avoir qu'un sentiment assez faible de la liberté individuelle et imposer à tous des devoirs que ne balancent pas les droits qui leur sont donnés. Ce fut, dans le passé, le propre de toutes les associations de combat d'ordre idéologique. Les jésuites, dans la catégorie religieuse, le carbonarisme et les autres sociétés secrètes, dans la catégorie politique, et même le compagnonnage, dans l'ordre économique, offraient les types les plus achevés de l'association se recrutant par cooption et se gouvernant par délibération, certes, mais non démocratique, les délibérations étant réservées aux degrés supérieurs de la hiérarchie et enchaînées par le statut fondamental. Ces traits caractéristiques d'associations disparues ou en voie de disparition, placées en tout cas hors du droit commun de la plupart des nations, se retrouvent forcément, mais très atténués, dans les associations modernes, et c'est sur eux que se fondent les gens qui crient à la tyrannie syndicale.

Que la classe ouvrière, laissée si longtemps dans l'inculture, soit portée à établir de fortes disciplines dans les associations qu'elle forme, il n'y a rien là qui doive étonner. Tout d'abord, il faut remarquer que le syndicat est une organisation de combat non seulement professionnel, mais économique et social; et toute organisation de combat demande à ses membres une discipline étroite et une abnégation complète. Plus le milieu où elle se développe lui est hostile, et plus la discipline qu'exige l'association est serrée. Or, pour ne parler que de la France, le syndicat ouvrier a été longtemps interdit, et ensuite toléré seulement. Il n'existe légalement que depuis vingt-deux ans, et ses rapports de collaboration avec l'État, participation officielle au Conseil supérieur du travail et participation officieuse à l'inspection du travail, ne datent que de cinq ou six ans. N'importe quel organisme collectif né dans de telles conditions d'hostilité ambiante, même composé des adeptes les plus fervents et les plus cultivés de l'individualisme et du libéralisme, eût établi des disciplines aussi sévères et aussi étroites, ou bien se fût dispersé.

A plus forte raison, lorsque l'association se compose d'individus qui, par leur situation, n'ont que des initiatives peu nombreuses et très limitées, le sens de la liberté individuelle y est-il assez faible. La classe ouvrière, par ses habitudes intellectuelles, par son labeur subordonné, ne constitue pas un milieu très propice au développement de l'individualité. Chez elle, l'obéissance aux traditions est forcément plus grande que dans les classes cultivées ; laissée à elle-même, elle ne se soustrairait à l'arbitraire d'autrui, — car son état de dépendance économique et sociale n'est pas autre chose, — que pour retomber sous l'arbitraire de ses instincts, de ses sentiments et de ses notions erronées sur un milieu social dans lequel elle a occupé jusqu'à présent une place trop inférieure pour le connaître et pour le dominer en esprit.

De même que les Indiens et les métis du Paraguay étaient préparés à subir la dictature de fer d'un Francia par la discipline des jésuites qui formèrent le peuple de ce pays, de même les ouvriers, dans leur premier effort collectif de libération économique par le syndicat, apportent dans cette association le faible individualisme qui tient à leur inculture et à leur infériorité sociale. Il n'en va pas autrement dans la démocratie politique, où les moyens de liberté et les instruments de délibération, maniés par des citoyens peu experts, laissent le corps électoral à l'état de troupeau votant sous la domination de quelques hardis compagnons associés pour l'exploitation du pouvoir. Plus les formes de la démocratie sont développées, et plus, dans l'état d'inculture et de faible individualisme où sont encore les masses votantes, les aigrefins comme le Scully de la *Jungle* peuvent acheter les électeurs au dollar et les revendre en banknotes. Le Tammany Hall, cette association new-yorkaise d'exploitation du pouvoir municipal, n'est pas un phénomène capitaliste, comme le prétendent la plupart des socialistes ; il se produirait dans la plus absolue égalité de conditions sociales si les membres du corps électoral demeuraient dans l'état inculte, grégaire et passif où ils sont encore aujourd'hui à New-York et ailleurs.

L'association ne contient donc de liberté pour ses membres qu'autant qu'ils y en ont apporté eux-mêmes : et ce serait méconnaître le caractère français, plus que ne le font ses adversaires eux-mêmes, de ne pas apercevoir que le sentiment individualiste y est cependant assez éveillé déjà, plus éveillé que chez bien d'autres peuples, pour donner l'espérance de le voir se développer non en dépit de l'association, mais grâce à l'association. Ne refusons pas pour notre pays cet hommage que lui a rendu, dans une interview du *Temps* du 23 août 1906, le cardinal Vincenzo Vanutelli, confident de la pensée du pape.

La France a proclamé les Droits de l'homme et fait des révolutions en leur honneur ; elle paraît « destinée à servir de terre d'expérience à la révolution sociale », car « nulle nation de l'Europe n'aurait vraiment l'idée de faire l'essai du socialisme ». Et c'est pour cela que Pie X refuse aux catholiques français le droit de former les associations cultuelles, accordé aux fidèles des autres nations. Il redoute pour eux « les théoriciens français, avec leur goût de l'absolu ». C'est l'aveu formel que l'association, étant donné l'individualisme organique des Français, ne peut que développer cet individualisme ; tandis que l'isolement permet d'espérer qu'ils demeureront dans l'état grégaire, l'Église catholique n'étant pas une association, mais un « troupeau » gouverné par ses « pasteurs ».

Mais, si individualiste que soit le Français, au regard des autres membres de la famille humaine, il ne l'est encore qu'à la manière métaphysique et verbale : il place sa liberté dans l'indépendance et le particularisme plutôt que dans l'interdépendance et le contrat. Par ses habitudes, il est toujours du troupeau, et, réunies, les individualités les plus arbitrairement éprises d'indépendance se soumettront en foule compacte à la parole entraînante ou à la volonté tendue d'un chef ; elles se fondront pour quelques heures ou pour des années dans un organisme collectif où le sens individuel se reprendra seulement en récriminations isolées, comme celles des grognards de Napoléon, qui étaient d'ailleurs ses plus dévoués soldats.

V. — L'AUTORITÉ DANS L'ASSOCIATION

Ce n'est pas l'association qui fait obstacle à la liberté de l'individu, mais lui-même. Les majorités ne se forment pas d'elles-mêmes par un acte conscient et réfléchi, et elles sont d'autant plus fortes, irréductibles et tyranniques qu'il reste d'inconscient dans les individus qui les composent. Une majorité est une foule, c'est-à-dire un individu collectif rudimentaire qui ne totalise que les facultés minima de chacun de ses membres, non pour les multiplier ni même les additionner, mais les réduire à une commune mentalité générale, sensiblement inférieure à celle de chacun d'eux.

Dans une remarquable étude sur le *Mode de transmission des idées*, le Dr G. Lefèvre, de Bruxelles, complète, sur ce point, la psychologie des foules, de Tarde et de M. G. Le Bon, en nous montrant que la plupart des individus ne se font pas une conviction par une délibération plus ou moins éclairée sur leurs motifs, par échange d'idées, mais sous l'impression d'images fortes, que certaines paroles, certaines formules, ramènent du fond de leur inconscient et mettent en lumière. « Les images éveillées dans les consciences frustes et rudimentaires par des mots tels que athée, Dieu, et bien d'autres, sont si puissantes et si terribles qu'elles remplacent toute discussion. » Cet état, que définit si expressivement le Dr Lefèvre et qui nous porte à n'accepter que des idées et des notions qui sont déjà en nous avec toute la force de l'hérédité et de la coutume, voilà l'obstacle au rationalisme absolu, à la délibération complète, à la liberté de l'individu. Mais cet obstacle est encore plus grand dans la société que dans l'association.

L'association est en effet un milieu de culture d'individualisme, beaucoup plus que le milieu social général avec ses compartiments de famille, de classe ou de caste et de localité, si propres à donner une vie intense aux nombreux morts qui vivent en chacun de nous. Une assemblée réunie pour un objet est une foule, certes ; mais elle possède à un moindre degré que la foule réunie fortuitement par quelque grave événement les caractères d'impulsivité, d'hypnotisme collectif, qui portent à son paroxysme une seule faculté humaine : la fureur, l'héroïsme ou la lâcheté ; la réflexion jamais. Mais une association est déjà moins une foule qu'une assemblée réunie pour quelques heures.

Il n'est point de foule sans meneurs, de même qu'il n'est point de troupeau sans un bélier qui ouvre la marche. La foule qui va noyer un malheureux, dont on examinera la culpabilité ensuite, ne se jette sur lui en hurlant à la mort qu'après le cri : à l'eau ! poussé par quelque bélier de foule meurtrière. Et lorsque les Juifs ameutés demandèrent à Pilate la délivrance de Barrabas, on peut être certain que ce choix odieux leur fut suggéré par les tire-laine amis de ce brigand mêlés à la foule. Une assemblée régulière ne leur eût peut-être pas rendu leur compagnon de rapines. Il y eût eu en tout cas tentative de résistance par un essai de délibération. Mais, même devant une assemblée permanente comme notre Chambre des députés, à qui sa permanence donne quelques-uns des caractères d'une association, cette tentative n'est parfois qu'une protestation contre l'injustice présente et un appel à la justice à venir ; et l'on délivre Esterhazy, et l'on glorifie Mercier, tandis qu'on resserre la double boucle qui meurtrit les chairs de l'innocent.

Les meneurs se retrouvent dans l'association, et leur puissance y est aussi grande que celle des orateurs dans les assemblées et des individus qui, dans les foules, jettent le cri de meurtre, d'héroïsme ou de panique. Mais alors que, dans les foules, ils sont eux-mêmes suggestionnés fortement et ramenés à l'état mental rudimentaire qui dégagera l'âme de la foule en l'exprimant, dans les assemblées déjà, et surtout les assemblées permanentes, les orateurs n'auront pas un pouvoir aussi absolu de suggestion,

On connaît cette boutade cynique d'un vieux parlementaire : un discours peut changer mon opinion, mais non mon vote. Elle nous présente un autre aspect du problème, par lequel nous voyons que les motifs qui portent une assemblée à se déterminer sont complexes et ainsi échappent davantage aux impulsions de l'inconscient : au meneur momentané, qui entraîne les convictions par sa dialectique, s'opposent les meneurs permanents, chefs de parti ou de groupe qu'un pacte particulier d'association relie à leurs partisans. Abstraction faite des actes d'immoralité auxquels l'observation de ce pacte peut entraîner les contractants, il n'y en a pas moins, dans les disciplines nées d'une délibération commune et dans les disciplines générales d'assemblée permanente, des facteurs de liberté individuelle plus nombreux et plus actifs que pour l'individu de foule, — et tout isolé en est un par définition, — réduit par un sentiment fort et unique à l'état mental le plus rudimentaire.

Les révolutionnaires anarchistes qui, dans ces dernières années, se sont emparés du mouvement syndical, témoignent, par leur culte mystique de la violence transformatrice des sociétés et des esprits, d'une bien enfantine philosophie de l'histoire ; on ne peut pourtant leur dénier une exacte connaissance de la psychologie des foules lorsqu'on les voit s'attacher à ne composer leurs syndicats, volontairement réduits à l'état de squelettes, que d'entraîneurs de masses. Ces masses, que le syndicat révolutionnaire dédaigne, il les retrouvera au moment nécessaire, lorsque affolées de privations, elles montreront les poings et les dents : il leur dira alors où et comment il faut frapper. D'ici là, qu'elles demeurent dans leur ignorance et dans leur misère. De leur misère, elles sortiront un jour de fureur libératrice ; quant à leur ignorance, produit de la misère, elle disparaîtra avec sa cause.

Étrange combinaison de mysticisme et de jacobinisme ! Il s'y mêle quelque chose de pire : un peu de mépris aristocratique pour la masse que l'on guide vers son bonheur en ne l'employant que comme un instrument aux forces décuplées par l'exaltation irraisonnée. C'est, d'autre part, une conception étroitement matérialiste, démentie par les faits, que celle qui consiste à tirer l'émancipation intellectuelle de l'émancipation matérielle, surtout dans un régime politique où la foule n'est pas écartée du pouvoir par une aristocratie, mais par sa propre inculture.

Mais si le syndicalisme révolutionnaire remet à plus tard l'individualisation des isolés confondus dans la masse amorphe du prolétariat, et s'il prétend faire d'eux les manœuvres de la tâche libératrice sous son impulsion propre, consciente du but, et sous les impulsions de l'instinct exaspéré, du moins va-t-il individualiser les syndiqués qui doivent constituer les cadres de cette armée ? Guère davantage. Les syndicats existaient, en effet, avant que les anarchistes s'y introduisissent ; et les plus anciens, ceux qui possèdent les plus nombreux effectifs, sont réfractaires à la méthode révolutionnaire. Les révolutionnaires anarchistes ont multiplié les syndicats-squelettes et, médusant les grands effectifs syndicaux par un double sophisme d'égalité et de générosité, ils ont substitué le groupe à l'individu. L'unité de combat et d'action, ce n'est pas le syndiqué, l'homme, le citoyen, mais le syndicat auquel l'individu est incorporé sous ces trois espèces par le conformisme anarchiste. Que le syndicat des travailleurs non qualifiés ou des choristes de théâtre ait dix membres, que celui des chemins de fer en compte cinquante mille, ils sont égaux dans les conseils ; et la minorité d'entraîneurs révolutionnaires gouverne la masse des syndiqués en refusant énergiquement d'établir la représentation proportionnelle.

On imagine sans peine la stupéfaction de Proudhon

s'il avait pu vivre assez longtemps pour voir ce qu'une certaine logique révolutionnaire a fait de son individualisme, de son fédéralisme et de son an-archie. Il reconnaîtrait la lignée de Barbès et de Blanqui, et serait stupéfait de voir leurs gestes ponctuer son vocabulaire. Il va sans dire qu'une telle conception organique du syndicat, sans parler même de sa fonction propre, se rapproche plus de l'idée qu'on se fait d'une congrégation que de l'association entre individus libres et égaux, liés par un contrat qui limite leur apport, le don d'eux-mêmes, à l'objet propre de l'association. Nous aurons à revenir sur le faible individualisme que laisse à ses membres l'association qui exige d'eux le don entier de leur personne, lorsque nous examinerons sa tendance à tout envahir et à tout conquérir, en modelant la société sur son propre type au lieu de s'adapter à elle pour en déterminer les modifications nécessaires.

VI. — LE PROBLÈME DE L'ÉGALITÉ

Ce qui fait obstacle à la liberté des individus dans l'association les empêche par là-même d'être égaux entre eux. Mais, de même que l'association est un facteur de liberté individuelle plus grand que l'isolement grégaire dans la société, elle développe l'égalité de fait entre ses membres, non seulement par son statut généralement égalitaire, mais encore par sa destination même, qui est d'assurer des satisfactions et des avantages égaux à tous ceux qui s'y incorporent. Si donc, dans les associations les plus égalitaires selon la lettre des statuts, les individus sont profondément inégaux entre eux, leur inégalité ne vient pas de l'association, mais de leurs propres caractères psychologiques.

En général, les associations tendent plus à l'égalité de tous leurs membres qu'à leur liberté, et cette tendance fortifie l'opposition aussi classique qu'artificielle qu'on maintient encore entre la liberté et l'égalité. Cette opposition tient à une notion erronée du contrat, base de toute association, et qui consiste à le considérer comme un accord entre égaux pour leur assurer également certains avantages, — ce qui est exact théoriquement, — à condition que chacun d'eux renonce à sa liberté, — ce qui n'est exact théoriquement et réellement que lorsque l'individu s'enferme tout entier dans l'association, comme le moine dans sa communauté ou le communiste dans son Icarie, et s'isole au possible de tout contact avec la société.

Mais le véritable contrat n'a rien à voir avec de tels « vœux » absolus dans le temps et dans l'espace. Il est fondé sur le *do ut des*, et sa révocabilité est permanente. Et il n'a pas plus le caractère d'un sacrifice que pour le rentier le placement de ses fonds dans une entreprise industrielle pour en tirer un profit plus grand. Lorsque celui-ci engage son capital, il ne le sacrifie pas, au contraire : il lui fait accomplir sa fonction au maximum de rendement ; et, pour le garder des catastrophes, il le répartit entre un certain nombre d'entreprises. Si l'une d'elles fait faillite, il ne perd qu'une partie de ce qu'il possède, et le gain des autres a vite compensé cette perte. De même l'individu qui demande à l'association ses moyens de liberté. Tout comme des capitaux, il répartit ses modes d'activité industrielle, civique, sentimentale, en autant d'associations correspondantes ; et il possède toujours la faculté de retirer ce qu'il a engagé, comme le rentier de vendre ses titres et d'en acheter de plus sûrs ou de plus productifs.

Il n'en demeure pas moins que dans l'association, composée encore en majeure partie d'individus en qui subsiste la notion erronée d'une opposition de la liberté et de l'égalité, la tendance à l'égalité se développe parfois jusqu'à l'absurde et se matérialise de la manière la plus préjudiciable à la véritable liberté, et même à l'égalité réelle. On a vu par exemple, à ses débuts, l'Assemblée constituante écouter favorablement le député Bouche proposant de mettre un sablier sur la tribune afin de limiter à cinq minutes le droit à la parole pour chaque orateur. Plus exercés, parce que réunis depuis plus longtemps, les Anglais, déjà à cette époque, confiaient à un orateur unique de chacune des opinions en présence le soin de soutenir le débat devant les Communes. Nos constituants, d'ailleurs, ne tardèrent pas à s'apercevoir qu'à la tribune Mirabeau-Tonnerre et Mirabeau-Tonneau n'étaient pas égaux. Tout récemment encore, bien que le parti socialiste soit une association politique déjà ancienne et relativement exercée à la délibération, on invoquait dans ses congrès l'égalité et l'on enfermait un Jaurès ou un Briand dans les dix ou quinze minutes dévolues à chaque orateur. Pour que l'égalité fût complète, il eût fallu décréter que Jaurès et Briand ne seraient pas plus éloquents que leurs collègues.

Il est fréquent, dans la pratique des contrats collectifs primaires tels que la commandite, que les ouvriers se répartissent égalitairement le salaire qui leur est donné en bloc par l'entrepreneur. Mais ces associations de travail sont composées en général d'un petit nombre de membres ; et, recrutées par cooption, elles sont très fermées. Les associés se surveillent mutuellement et se montrent peu pitoyables aux défaillances. La pratique des contrats collectifs de travail serait arrêtée dans son développement, pourtant si désirable, si le système de l'égalité de répartition y prévalait, car les ouvriers médiocres ou que l'âge commence à affaiblir n'accepteraient pas d'être éliminés. Déjà certains chefs d'industrie convertis à l'idée du contrat collectif ne l'acceptent qu'à la condition de pouvoir fixer un salaire moindre pour un cinquième ou un quart de l'effectif, et ainsi utiliser les forces des ouvriers médiocres et âgés.

Quand l'association de travail est une coopérative de production, le paradoxe de l'égalité joue fréquemment un méchant tour à ses partisans, qui en demeurent tout penauds et fort désemparés. Si égalitaires qu'ils soient, il faut bien qu'ils confient la direction du travail et les rapports avec la clientèle, et aussi les difficultés de la lutte contre les concurrents, à l'un d'entre eux, celui qu'ils reconnaissent le plus apte à ces tâches délicates. Mais s'ils prétendent qu'il demeurera leur égal, au moins dans la rétribution de l'effort commun, il leur arrive plus souvent qu'ils ne le voudraient de le voir s'en aller un beau jour mettre ses connaissances et ses relations au service d'un patron concurrent ; leur association, alors, périclite et se dissout. Les trade unions anglaises et américaines, qui passent avec les industriels et les syndicats patronaux des contrats collectifs de travail, n'ont point cette dangereuse manie d'égalité absolue : estimant que l'égalité consiste dans la rétribution égale d'efforts ou de services égaux, ils apprécient assez les tâches supérieures pour donner à leurs délégués des traitements annuels de 6 000 à 15 000 francs.

Les associations d'employés et ouvriers de l'État, qui se sont formées en syndicats à travers mille obstacles, ont cru combattre efficacement le favoritisme en demandant que l'avancement, qui se règle sur le choix et sur l'ancienneté, ne fût plus donné qu'à l'ancienneté. Si cette théorie inspirée du paradoxe égalitaire prévalait, ce serait à bref délai le régime de la gérontocratie. Mais, à mesure qu'elles croissent en nombre et en expérience, ces associations renoncent à l'emploi unique d'un mode conservateur par excellence d'avancement : elles sont presque unanimes aujourd'hui à demander que le concours, et non plus le caprice parfois heureux mais souvent plus mal inspiré d'un ministre, soit la règle de l'avancement au choix, comme l'examen ou le concours le sont de l'admission au premier échelon de la hiérarchie.

Il n'est rien qui fortifie le pouvoir des tyrans démagogues comme ce paradoxe de l'égalité de tous dans l'association. Il leur suffit d'une grande souplesse et d'une audacieuse obséquiosité verbale pour faire de la majorité compacte ce qu'ils veulent et la jeter de tout son poids sur les individus qui tentent d'éveiller en elle son pouvoir de délibération. Il est plus facile, en effet, de gouverner une masse encore plongée dans l'inconscience que de secouer sa torpeur pour l'amener à se gouverner elle-même. Invoquée adroitement par l'individu médiocre intellectuellement, mais de volonté d'autant plus forte qu'elle est bandée vers un objet unique de domination, l'égalité absolue, sans limites, est l'oreiller le plus sûr pour les volontés faibles et sommeillantes de la masse, qui ne remarque même pas qu'en abandonnant toutes les tâches, tous les pouvoirs, à une minorité de meneurs, elle laisse l'inégalité la plus profonde subsister dans l'association.

Il ne faut pas sur ce point méconnaître absolument les critiques des adversaires du socialisme et en général de toute association. Il est incontestable que, jusqu'ici, dans les associations comme dans la société, les masses ne se sont jamais déterminées elles-mêmes et par délibération réfléchie de chacun et de tous, mais ont suivi l'impulsion donnée par une minorité. Cette minorité ne s'est jamais composée des plus intelligents, encore qu'ils n'en soient pas nécessairement exclus, mais des individus les plus représentatifs du sentiment dominant dans la masse. Une réunion d'électeurs subira l'ascendant d'un politicien peu intelligent et se refusera à celui du plus savant docteur ès-philosophie politique qui prétendra lui montrer l'endroit et l'envers des solutions proposées; elle ne comprendra pas plus ses audaces que ses réserves, et l'accusera de contradiction.

Dans l'association, cependant, surtout si elle se limite strictement à son objet, les individus informés et expérimentés ont de plus grar 'es chances d'être écoutés et suivis. Du fait que l'individu s'est associé, il a déjà secoué la torpeur qui le laissait à l'état d'isolé grégaire ; et il peut apprendre à discerner, dans la minorité qui aspire à gouverner l'association, les individus qui la serviront le mieux. Petit à petit, son sens critique s'éveille et se porte sur les actes de ceux qui gouvernent ; il le fait d'abord avec le moindre discernement et voit plus les personnes que les actes : celles-là sont-elles à son gré, ceux-ci sont parfaits. Puis il passe aux actes en eux-mêmes et pour eux-mêmes, et apprend à reconnaître la justesse des observations faites par un adversaire, et finalement à ne plus voir d'amis ni d'adversaires interposés entre lui et l'association et ses fins, mais seulement des moyens plus ou moins appropriés à ces fins et qu'il doit utiliser de son mieux.

Il cesse ainsi d'être le séide de tel homme ou le fanatique de telle idée. Hommes et idées, même quand ils le dépassent encore, lui deviennent des moyens dans la mesure où il peut se les approprier. Il se console alors de n'être pas l'égal de celui qui gouverne son syndicat, en se disant que tous les profits de l'association vont aux gouvernés plus qu'aux gouvernants, pour peu que les premiers sachent utiliser les sacrifices que les seconds font à leur passion maîtresse. Si d'ailleurs il veut, lui aussi, gouverner, qu'il s'en aille dans une association de joueurs de boules ; peut-être la sûreté de son coup d'œil et la vigueur de son bras lui assureront-elles la primauté qu'il n'aurait pu conquérir ailleurs par d'autres moyens. Car l'égalité, dans l'association comme dans la société, ne peut être autre chose que le droit égal aux avantages communs, chacun les recevant à la mesure de son apport personnel, ou même et surtout de son aptitude à les recevoir.

VII. — LES IMPÉRATIFS DE L'ASSOCIATION

Il n'y a que deux manières de conduire les hommes : le commandement et le raisonnement. Les impératifs dogmatiques ont d'autant plus de puissance qu'ils font se dresser en chaque individu de la masse une longue lignée de morts toujours vivants en lui ; sa capacité d'obéissance est d'autant plus grande qu'il s'est moins dégagé du milieu, famille, classe, caste ou localité, où les traditions ont toute leur puissance. En sortant de l'état grégaire pour entrer plus ou moins délibérément dans un ou plusieurs cercles d'association, où il rejoint ceux qui d'ailleurs lui sont semblables, il risque bien, individu grégaire, de s'agréger de nouveau, et plus étroitement, puisqu'il apporte avec lui tous ses ancêtres et toutes les habitudes mentales qu'ils lui ont transmises. Mais l'espérance d'une individualisation progressive lui est ouverte sans qu'il ait besoin de sortir de l'association, alors qu'il n'eût pu tenter de s'individualiser dans le milieu organique et traditionnel sans être immédiatement contraint d'en sortir ou sans se résigner à y supporter des ennuis et des avanies de toute sorte.

Dans ce milieu relativement volontaire et formellement contractuel qu'est l'association, l'autorité de commandement pourra donc s'exercer en évoquant des mots et des images que l'individu n'a pas encore effacés de sa mémoire inconsciente; mais celui qui exerce cette autorité devra prendre les formes du raisonnement, et un semblant de délibération suivra son commandement avant qu'il soit exécuté. Par cela même, il travaille à la destruction de l'autorité de commandement et prépare les esprits à la délibération réelle, c'est-à-dire à ne subir que l'autorité de raisonnement.

Ce qui retarde cette évolution, c'est le caractère fortement religieux dont sont imprégnées les associations, aussi bien de l'ordre économique que de l'ordre idéologique. Parmi celles-ci, les associations mêmes qui se donnent pour but la suppression du sentiment religieux n'en sont pas les moins imprégnées : le rituel des loges maçonniques les plus formellement athées et matérialistes, les baptêmes et enterrements civils organisés par les sociétés de libre pensée, l'anticléricalisme que certaines de ces sociétés expriment en fanatisme par l'appel au bras séculier contre toute manifestation religieuse, nous avertissent de la persistance d'un sentiment si peu aboli dans les consciences qu'il les expose assez fréquemment à retomber dans l'état de conformisme moral et d'intolérance où vécurent les fervents de la Ligue et de la déesse Raison.

On parle du scepticisme français comme d'un des traits principaux de notre caractère national. A la vérité, le Français n'est pas sceptique, mais profondément et passionnément idéaliste, les révolutions qu'il a faites l'attestent. Mais ce n'est pas aux religions positives qu'il s'attache en général, et l'on a dit avec raison que sa tiédeur sur ce chapitre l'a toujours préservé des hérésies. Doit-il à la douceur de son climat, aux facilités qu'il pourrait trouver de s'y procurer sans luttes génératrices d'énergie supérieure ce qui lui est nécessaire, la transposition du sentiment religieux qu'on observe en lui? Les autres nations situent la catégorie de l'idéal dans l'au delà de la vie et de l'univers sensible. Le Français la ramène à lui dans le temps et dans l'espace, et la mêle ainsi bien plus qu'eux, en dépit des apparences, à toute sa vie de relation. Tous ses actes politiques et sociaux sont des actes de foi en un idéal qu'il se forme à la mesure de sa connaissance du monde réel. Ils ont ainsi un caractère d'essais et d'expériences fondés sur la raison pure qu'on n'observe pas ailleurs, surtout en Angleterre, où toute innovation s'autorise d'une tradition, se fonde sur elle et finalement la recouvre et l'annule, tout en en épousant les formes scrupuleusement afin que le regard ne cesse de les apercevoir. Le réalisme pratique des Anglais est-il donc exclusif de tout idéalisme? Non pas : mais ils ont enfermé le leur dans la catégorie religieuse, et lui ont interdit toute communication avec la vie pratique. C'est pour n'avoir pas aperçu la cloison ainsi établie qu'on les taxe si souvent d'hypocrisie, et avec tant d'injustice, alors que leur logique est simplement autre, c'est-à-dire moins rigoureuse, que la nôtre.

Le réalisme anglo-saxon et l'idéalisme français sont ici opposés parce qu'ils caractérisent d'une part la nation qui, possédant les institutions politiques de liberté les plus anciennes, est aussi celle en qui l'individualisme est le plus précisé, et d'autre part la nation qui a suivi le plus tôt la première dans l'acquisition des libertés publiques. Mais notre individualisme, ailé d'idéalisme, entraîne à chaque instant les associations qui se forment chez nous à exprimer des sentiments généraux plutôt qu'à remplir un objet précis et limité. Une association anglaise est un groupement d'activités étroitement enfermées dans un cercle déterminé, mais où chaque associé garde avec vigilance toutes les parties de sa personnalité que n'absorbe pas le bon fonctionnement de l'association. Une association française est une société qui, par propagande ou par conquête, veut ramener tout l'univers à sa mesure. La première agit dans le présent et sur le terrain immédiat ; la seconde dépasse sans cesse le temps et l'espace ; aussi rêve-t-elle plus qu'elle n'agit et projette-t-elle plus qu'elle ne construit.

L'association française, ainsi impédimentée par notre idéalisme organique, va-t-elle donc opposer un obstacle insurmontable à la réalisation de l'individu, et ne groupera-t-elle les plus individuels de la masse que pour les ramener à un état grégaire plus fermé et plus étroit? Non, car les idées et les sentiments auxquels ils obéissent dans l'association ne sont pas seulement ceux que leur ont donnés le milieu d'où ils viennent et l'hérédité qu'ils portent en eux. Entre les idées et les sentiments d'hérédité et de milieu et ceux du nouveau milieu sans tradition forte, des conflits éclatent, qui sont on ne peut plus favorables à l'éclosion de l'individualité autonome et délibérée. D'autre part, l'objet même que se propose l'association, fût-il pour elle un moyen de s'annexer l'univers, oblige les individus qui la composent à ne pas détourner leurs regards de cet objet et à y consacrer leur activité pratique. Il les imprègne ainsi fortement de réalisme, en les forçant à comparer leur idéal aux faits et à tenir un peu plus compte d'eux, à mesure qu'il les approche davantage. Et finalement le gouvernement de l'association revient à ceux qui ont le plus approché les faits et les ont le plus exactement fait connaître aux autres.

VIII. — LA « TYRANNIE » DES « MENEURS »

Il n'est pas paradoxal, ni contradictoire avec ce qui précède, d'affirmer que, de tous les membres de l'association, le meneur est celui en qui le sentiment religieux est le plus profond et le plus actif. Sa foi transporte les montagnes que sont les masses humaines inertes. Hypnotisé par l'idée fixe, il hypnotise à son tour autrui de toute sa force. Et sa force est un droit.

> Le droit qu'un esprit vaste et ferme en ses desseins
> A sur l'esprit grossier des vulgaires humains.

Mais il ne les entraîne jamais que du côté vers lequel ils inclinent ; il ne les domine qu'à la condition de les exprimer, d'être leur semblable supérieur, et non un individu de catégorie distincte. Plus étroitement il sera leur semblable, et plus grande sera son autorité de commandement sur eux. Dans l'association, il est l'association elle-même, enfermé dans son objet et tendu vers ses fins. Alors que les autres associés, si dévoués soient-ils, gardent contact avec le monde extérieur, sont pères, époux, amis, citoyens, producteurs, lui n'a pour famille que l'association, à laquelle il sacrifie la sienne, et pour amis que ceux de l'association. Citoyen, l'État n'est pas son moyen politique, mais celui de l'association, soit par conflit, soit par collaboration : c'est-à-dire une puissance étrangère avec laquelle on traite ou guerroie, selon l'occurrence. Il ne produit pas pour vivre, mais pour faire vivre l'association ; aussi en accepte-t-il sans honte un salaire, qui ne paie généralement pas la peine qu'il se donne.

Autoritaire, il l'est et doit l'être, de toute la force de son sentiment, et en raison même de l'incapacité de délibération des autres associés. Aussi acceptent-ils de lui des reproches et des rebuffades, coups de fouet à leur tiédeur, qui les révolteraient venant de tout autre. J'ai personnellement entendu des secrétaires ou des présidents de syndicat parler à leurs camarades sur un ton que n'oserait, dans une usine, employer le plus brutal contremaître de peur d'une mise-bas générale, c'est-à-dire d'une grève. Mais, d'ordinaire, c'est par la manière douce et par la démagogie que le meneur assure le mieux sa tyrannie sur les associés, surtout dans les associations dont les membres possèdent déjà une certaine culture générale.

Cette vocation mystique du meneur, bien loin de le rendre incapable de former et surtout administrer une association, est on ne peut plus propre à lui donner au maximum les facultés nécessaires, ou plutôt à les développer en lui, puisque c'est elles qui ont déterminé la vocation. Ignace de Loyola et Thérèse d'Avila en sont d'illustres et concluants exemples. Il est donc par définition un spécialisé, et toutes ses facultés sont tournées vers un objet unique, qui est celui de l'association. Si peu exercés qu'ils soient, les associés aperçoivent donc avec raison en lui l'homme le plus apte à leur procurer ce qu'ils demandent au groupement. Et ici meneur et menés se rejoignent exactement dans une commune vue réaliste de leur objet. S'ils lui abandonnent les tâches de direction, c'est parce qu'ils le sentent plus apte que quiconque, ou ne se sentent pas une vocation assez forte pour poursuivre comme lui un objet unique.

Voilà ce que ne comprennent pas les individualistes de l'isolement, qui font retentir l'air de leurs protestations contre la tyrannie des meneurs. Dans le *Rappel* du 14 janvier 1906, M. Henry Maret mettait en scène un maire de village disant à un candidat : « Moi, je suis pour vous ; mais si le comité en désigne un autre, il faudra bien que je vote pour cet autre. » Et il ajoutait avec une indignation aussi amusante que peu philosophique : « Remarquez que ce maire, ni les trois quarts des prétendus membres de ce prétendu comité, n'assistent à aucune réunion et ne donnent leur opinion sur rien. Ils se contentent d'obéir passivement et de recevoir le mot d'ordre de gens qu'ils n'ont point choisis, qui n'ont été délégués par personne et qui se sont improvisés directeurs du suffrage universel. » Jamais tableau plus expressif n'a été tracé de l'association, et jamais non plus on n'en a mieux montré les ressorts en même temps que la haute valeur.

Ce maire de village, en effet, parlait comme un sage. S'il avait voulu vraiment voter pour le candidat en question, il n'aurait pas été un membre passif du comité. Dans ce comité, en somme, il prend la part de pouvoir qui est à sa mesure propre ; et s'il accepte de recevoir un mot d'ordre, c'est qu'il ne veut ou ne peut en donner un, par paresse ou incapacité d'esprit. Aussi, loin de récriminer, laisse-t-il avec plus de philosophie que M. Maret accomplir par d'autres une tâche jugée nécessaire par lui, puisqu'il s'est incorporé au comité et ne manifeste pas plus l'intention d'en sortir que d'y jouer un rôle actif. Ce brave maire est de la majorité compacte que mènent les minorités actives, fortement pénétrées de l'objet qui les réunit en association. Il est, pour un maire, un peu plus indifférent qu'il ne faudrait au choix d'un bon député. Mais croit-on qu'abandonné en cet état à son libre arbitre il choisirait mieux qu'un comité le député qui le représentera le plus exactement? S'il s'est affilié à ce comité, c'est parce que ce comité se compose de gens qui ont ses opinions et poursuivent le même but politique que lui. Mieux vaut encore pour lui la passivité docile dans l'association que l'isolement. Si la volonté ou la capacité lui vient de choisir le meilleur député, c'est bien plutôt dans l'association que dans l'isolement qu'il trouvera les raisons de vouloir ou les moyens de pouvoir, puisque le comité est un groupe où l'on fait de la politique et où se centralisent tous les moyens d'information et d'action propres à cet objet. Si donc il a chance de faire élire le député de son choix, c'est bien plutôt en exerçant une action dans le comité qu'en s'en allant de porte en porte quémander des voix pour lui. A moins qu'il ne soit très riche ou très puissant, cependant, et que le corps électoral ne soit très pauvre et très dépendant. Mais nous entrons alors dans l'arbitraire des plus forts, contre lequel précisément l'association se dresse afin de le faire cesser.

IX. — LES DEGRÉS DE LA HIÉRARCHIE ET LA DIVISION DU TRAVAIL

La paresse intellectuelle plus encore que physique des associés, voilà tout le secret du pouvoir des meneurs, et leur raison d'être. L'état d'isolement est plus propre à entretenir cette paresse originelle que l'état d'association. Les nations qui ont fondé leur statut politique sur une affirmation du contrat sont des nations laborieuses, dont les membres se sont accoutumés à un effort réglé et qui ainsi se sont individualisés plus complètement que les membres des autres nations. Il va donc de soi que l'association, acte contractuel permanent, est plus développée parmi les nations laborieuses, non seulement parce que les autres ne possèdent pas de libertés publiques, mais encore et surtout parce que, dans leur masse, elles n'éprouvent aucun besoin de liberté et d'individualisme, leur vie de relation étant encore au minimum de complexité et d'intensité. Grâce à l'association, les individus qui ont déjà accompli l'effort de s'y affilier ou qu'on a contraints d'y entrer reçoivent directement, les premiers plus que les seconds, l'exemple du gouvernement de soi-même et d'autrui. Le pouvoir n'est pas, comme dans l'État, trop haut et trop loin : il est là sous leurs yeux, à portée de leur main et, semble-t-il, de leurs capacités. Celui qui l'exerce est leur semblable, doué d'activité plus grande et de volonté plus forte. Il n'est rien de si propice à l'éveil de l'individualité qu'un tel milieu.

Il n'est pas jusqu'aux menues tyrannies exercées par les meneurs qui n'aient pour effet de tirer les associés de leur torpeur. Les individus qui se sont voués à l'association comme le dévot à son église se divisent ordinairement en deux coteries qui se disputent le pouvoir, car seule l'association débutante et composée encore d'adhérents grégaires accepte le pouvoir d'un meneur unique. Ces deux coteries, composées généralement de disciples du fondateur, du meneur initial, luttent par les pires moyens de la politique ; celle qui est au pouvoir procède par intimidation et celle qui le convoite par dénigrement systématique. Il semble donc qu'à première vue un tel milieu soit peu propre au développement intellectuel et moral de l'individu, et que tout conspire à lui ôter le désir de se mêler à des querelles dont il aperçoit plus la mesquinerie que l'utilité finale.

D'autant plus que, parmi ces dévots de l'association, il en est plus qu'on ne croit qui obéissent simplement à une passion que Fourier appelait expressivement la cabaliste : ceux-là vont aux réunions de leur association comme les joueurs à leur manille ou à leur billard, comme Perrin-Dandin au tribunal. Pour eux, l'objet même de l'association disparaît, et la majorité et la minorité sont les enjeux d'une partie interminable entre deux camps de joueurs. Bien plus portés à faire usage de l'association pour satisfaire leur passion de jeu qu'à l'employer à ses fins propres, ils consacrent le meilleur du temps à des procédures infinies, à des remaniements statutaires, à des personnalités. Quand les meneurs d'une association sont pour la plupart de cette sorte, elle ne tarde pas à se disperser et ils restent entre eux. Mais lorsqu'il n'y en a que quelques-uns et que les meneurs sont en majorité réellement voués à l'objet de l'association, leur lutte pour le pouvoir, quelque bas qu'en soient les moyens, ne peut qu'éveiller les énergies et susciter l'esprit d'analyse et de critique parmi la masse des associés.

D'autre part, quelque différence d'activité et de pouvoir qu'il y ait entre la minorité des meneurs et la majorité compacte, cette différence ne s'établit pas en hiérarchie formelle, mais apparaît comme une fonction primaire de division du travail. Même dans les associations dont les membres ne possèdent pas tous des droits égaux, l'individu sait que l'échelon où il est placé est un degré d'initiation ou d'apprentissage, qu'il franchira dans un délai ou moyennant un déploiement d'activité donnés. Il s'agit ici d'associations groupant des individus semblables qui y cherchent les mêmes satisfactions. Il est certain que dans les sociétés de secours mutuels de l'ancien type, fondées au temps où les pouvoirs publics ne toléraient aucune association fondée sur un statut de liberté et d'égalité, les membres bienfaiteurs et les membres participants apportaient à l'association un concours de nature différente et en recevaient des satisfactions également différentes. La hiérarchie qui les échelonnait était donc immuable et les séparait en tout.

Mais, dans l'association fondée entre semblables

recherchant en commun les mêmes satisfactions, la distinction entre membres actifs et passifs est toujours temporaire, et purement d'épreuve et d'initiation. On voit même en ce moment s'abolir graduellement dans la constitution des universités populaires ces degrés d'initiation, à mesure que ces groupes apprennent à se gouverner eux-mêmes et repoussent l'ingérence des fondateurs qui, à l'origine, ont apporté les uns leur argent et les autres leurs connaissances. La catégorie des bienfaiteurs et celle des intellectuels s'effacent de leur mieux, la première dissimulant discrètement ses dons, et la seconde apportant son concours sans prétendre au gouvernement. Mais déjà apparaît une pratique qui supprimera toutes catégories en ôtant à l'université populaire son caractère d'association, et en faisant d'elle une dépendance du syndicat ouvrier ou de la coopérative de consommation. Il n'y a plus alors que des semblables, donc des égaux, désireux de se procurer en commun les connaissances qui leur manquent. Ainsi se substitue la division du travail aux catégories qui eussent pu tendre à s'échelonner en hiérarchie. L'objet de ceux qui désirent posséder le savoir n'est pas en effet l'objet de ceux qui le possèdent, et ceux qui paient pour le procurer aux premiers ont également leur objet. Si désintéressé que soit l'objet de ceux qui enseignent et de ceux qui paient, il est autre que celui des premiers, qui sont en réalité les seuls intéressés. Il appartient donc à ceux-ci de s'associer pour leur objet à eux, et d'entrer en communication avec les individus ou les groupes des deux autres catégories, ou de l'une d'elles seulement.

Dans la franc-maçonnerie, les degrés d'initiation sont nombreux, mais ceux qui donnent le plein exercice d'associé, c'est-à-dire le droit de délibération et celui de participation au gouvernement de l'association, ne sont qu'au nombre de trois. Deux suffiraient, le premier à titre de stage éducatif des pratiques d'association. Mais l'empire de la coutume est tout-puissant dans cette association organisée à l'aube des temps de liberté, et qui se prétend héritière des plus antiques traditions. Cependant il est certain que la franc-maçonnerie devra, tout au moins dans les pays de liberté, se rendre identique aux autres associations, — et elle l'est bien plus dans son fond que ses formes archaïques ne permettraient de le supposer, — ou se résigner à disparaître.

Dans les associations de production, l'inégalité entre les associés est de deux sortes : 1° la nécessaire hiérarchie qui résulte de l'organisation du travail et subordonne l'ouvrier au chef d'équipe, celui-ci à l'ingénieur et ce dernier au directeur ou au gérant, responsable lui-même devant le conseil d'administration ; 2° les stages successifs que doit subir tout individu avant d'acquérir la qualité complète et les droits délibératifs de l'associé. Au Familistère de Guise, qui est le type le plus complet en France de l'association fondée sur cette double inégalité, il n'y a pas plus incommunicabilité entre les degrés de la hiérarchie du travail qu'entre ceux de l'accès à la qualité d'associé délibérant. Non qu'un ouvrier puisse devenir ingénieur à l'ancienneté ou à l'élection ; mais, à l'exemple de trop rares industriels avisés, l'association, qui possède ses écoles primaires, envoie à ses frais dans les écoles techniques les jeunes sujets en qui elle a discerné des aptitudes ; elle établit ainsi l'égalité du point de départ, et sa hiérarchie industrielle est bien une division du travail fondée sur la capacité, comme d'ailleurs et de plus en plus toute hiérarchie industrielle. Mais il manque à celle-ci l'origine égalitaire.

Dans toutes ces formes d'associations, l'inégalité temporaire n'est donc pas un obstacle à l'individualisation de l'associé, bien au contraire. Et lorsqu'il est arrivé à acquérir le droit délibératif, s'il n'est pas l'égal de tous les autres, s'il n'est pas aussi libre qu'eux, s'il concourt même à les priver de liberté, c'est parce que le pouvoir de délibération n'est pas encore né en lui. L'association, en mettant ce pouvoir à sa portée, l'éveillera bien plus certainement que le vaste désert humain où l'isolé n'échappe à son propre arbitraire que pour tomber sous celui du plus fort.

CHAPITRE III

LES LIMITES DE L'ASSOCIATION

I. — SA TENDANCE A L'ENVAHISSEMENT

Dans le monde des réalités, comme dans celui des idées qui s'y rapportent, ce qui n'a pas de limites n'existe pas. La liberté sans limites, c'est l'arbitraire; l'égalité sans limites, c'est la servitude et l'impersonnalité. A plus forte raison l'association, qui se meut dans l'espace et la durée et se compose d'individus dont les facultés, les actes et l'existence sont limités, est-elle limitée également. L'esprit peut en reculer les limites jusqu'à celles même du globe habité, et lui promettre la même éternité relative qu'à l'humanité elle-même; il n'est pas un fervent d'association qui n'ait fait l'hommage de ce rêve à celle dont il est; mais ce rêve, jusqu'à présent, n'a jamais été réalisé et ne le sera jamais, sinon par la société tout entière, dont le destin semble bien être de passer de l'état de fait naturel à l'état volontaire et contractuel. Et, pour ce but lointain, l'association, ou plutôt les associations, où se réalisent la liberté, l'égalité, le contrat, la délibération, l'individualisme social, en un mot, seront ses moyens.

Toute association, fût-elle de joueurs de boules, possède en soi une irrésistible tendance à l'envahissement, à la conquête. Le célèbre : « Comment peut-on être Persan » ! que Montesquieu met dans la bouche des Parisiens, signifie : Comment peut-on n'être pas Parisien ! — Comment peut-on n'être pas joueur de boules ! dit également l'individu qui s'est associé pour mieux satisfaire son goût. Son idéal serait que la planète fût un vaste jeu de boules, et il imagine Dieu comme un bienheureux joueur qui lance éternellement les astres à la poursuite les uns des autres.

L'homme est le plus sociable des animaux, mais il ne veut faire société qu'avec ses semblables. Il n'a donc de cesse qu'il n'ait rendu semblables à lui, par propagande ou par contrainte, tous ceux qu'il rencontre, ou ne les ait fait disparaître. Plus il est proche de l'animalité primitive, et plus il veut que les autres deviennent ses semblables. Dans son ignorance, il ne peut imaginer rien de plus parfait que lui-même, avec les actes et les pensées que la transmission héréditaire a divinisés ; aussi peut-on dire que ses sentiments belliqueux sont une manifestation extrême de son instinct de sociabilité, nulle société n'étant possible qu'entre semblables.

Il semble à première vue que l'association trouve sa limite dans l'objet même qui la motive. C'est bien là, en effet, sa limite réelle, qu'elle ne peut franchir sans péril pour elle ou pour la société tout entière ; mais ce n'est pas sa limite idéale, et toujours elle tend, avec l'aveugle vigueur d'un instinct, à incorporer, à subordonner, à conquérir tout ce qui l'approche. Cette tendance est d'autant plus forte que les individus dont elle se compose sont moins aptes à se déterminer par une double délibération intérieure et en commun, et qu'ils conçoivent le monde social sur le plan de leur mentalité réduite. Même lorsqu'ils ont la notion de catégorie, imposée par le spectacle de la division croissante du travail et des fonctions, c'est à leur catégorie propre qu'ils subordonnent en esprit toutes les autres. La première chose qu'un cordonnier remarque chez un passant, c'est sa chaussure et non son visage ; et il est certain que si les cordonniers gouvernaient la société, ils ne toléreraient point que nul allât nu-pieds ou même portât des souliers percés.

Les associations économiques ne tendent pas à dépasser leurs limites de la même manière ni dans la même mesure que les associations idéologiques. Plus volontiers que celles-ci, elles se ferment à tout ce qui n'est pas de leur catégorie et essaient de se le subordonner. Lorsque, cependant, par les syndicats et leur fédération interprofessionnelle, elles se donnent pour tâche de réunir tous les producteurs afin de les libérer de tout prélèvement arbitraire sur les fruits de leur travail, elles n'ont pas en vue la subordination des consommateurs et leur exploitation par les producteurs, mais l'incorporation de tout être humain valide dans la catégorie des producteurs. Il en est de même des sociétés coopératives de consommation qui tentent de se substituer aux intermédiaires onéreux. Et lorsque, comme les Wholesales d'Angleterre et d'Écosse, ces deux magasins de gros qui font annuellement un demi-milliard d'affaires, elles subordonnent le producteur au consommateur, c'est en les réunissant dans le même individu : comme producteur il est le salarié de l'association, mais comme consommateur il est membre bénéficiaire ; il reçoit donc ainsi le produit intégral de son travail et est en réalité son propre patron.

Les associations économiques ou sociétés de biens qui se placent sous la double loi du profit et de la concurrence ne possèdent à aucun degré les caractères du syndicat et de la coopérative : elles subordonnent mais n'incorporent pas. Ou plutôt, elles incorporent les individus qui sont semblables à leurs membres, c'est-à-dire possèdent des capitaux ; ou bien elles les ruinent et les font disparaître en tant que capitalistes, s'ils les gênent, c'est-à-dire les concurrencent, et si elles préfèrent à l'incorporation de leurs personnes l'annexion de leurs capitaux. Dans leur apparent libéralisme, ces associations de lutte pour la domination sont autoritaires, hiérarchiques et inégalitaires ; elles tendent à se subordonner l'immense peuple des producteurs et des consommateurs. Leur loi, c'est leur développement en plein arbitraire ; aussi tentent-elles de se dérober à toutes celles que l'État veut leur imposer, quand il le veut. Leur existence est en contradiction flagrante et périlleuse avec le pacte social que les démocraties s'efforcent de réaliser, et qui, c'est le moment de le répéter avec plus de force que jamais, est un contrat de liberté et d'égalité pour tous les individus.

Est-ce à dire que, dans les associations idéologiques pures, la tendance à tout conquérir ne vise que les personnes et que cette conquête n'ait pour objet que leur incorporation, par adhésion à un contrat de liberté et d'égalité ? On est bien forcé de refuser ce caractère à l'Église catholique, qui n'a pas renoncé à la domination du spirituel sur le temporel, comme à toute religion qui poursuit cet idéal théocratique. On doit à plus forte raison le refuser aux associations, ou plutôt aux congrégations religieuses, qui sont les instruments de cette conquête et qui se ferment plus étroitement au monde, afin de le mieux pénétrer et subordonner.

Toute association, quels que soient sa nature et son objet, ayant cette forte tendance à reculer ses limites qui est une des conditions mêmes de son existence, développe nécessairement parmi ses membres un esprit de corps, qui est d'autant plus vigoureux et absolu que leur inculture générale est plus grande et leur notion de la division du travail moins exacte et moins complète. De ce que leur vie de relation limitée a pu s'enfermer sans peine et sans déperdition dans le cadre étroit de l'association, ils en concluent que le souverain bien pour tout être humain consiste à s'y enfermer. Incapables encore d'apercevoir que nulle association n'est capable de contenir et d'exprimer les besoins et les sentiments multiples de l'homme moderne, et que toute association vouée strictement à un objet unique le remplit dans sa plénitude tout en exigeant des associés le moindre don de leur personne en même temps que le moindre effort, ils dressent l'association vis-à-vis de la société, résolus à appeler tous ceux qui leur sont semblables et à contraindre ou faire disparaître tous les autres.

II. — LE CONFORMISME DANS L'ASSOCIATION

Quand l'association est fondée sur un contrat de liberté et d'égalité, — et il ne peut plus guère s'en fonder d'autre manière, — ces vastes promesses de conquête sont d'autant plus illusoires que ses membres sont d'esprit plus simpliste et par là même portés à enfermer le vaste et complexe contenant social dans l'infime et simple contenu qu'est l'association. Babeuf et ses compagnons voulaient faire de la société une association fondée sur le contrat, un contrat d'égalité plus que de liberté. Afin de simplifier la transformation communiste de la société, ils l'avaient amputée de toutes ses acquisitions intellectuelles et esthétiques et ramenée très proche des familles patriarcales qui vivent de production domestique. « La suffisance, rien que la suffisance ! » s'écriaient-ils. Et ils précisaient, dans l'égalitaire *Carmagnole*, en invitant impérieusement tous les peuples à venir manger

A la même gamelle,
Vive le son du canon !

Ce rêve d'artisans et de paysans enrégimentés pour la guerre et pour le travail exprime une passion furieuse d'égalité par en bas ; la notion du mouvement et du progrès en est exclue. Il ne pouvait être formé que dans la période d'angoisse, de terreur et de famine que fut la Révolution, où la liberté naissante n'accordait ses sourires qu'à ceux qui, par l'argent ou le savoir, pouvaient user d'elle, et en abuser. Et les autres, incapables encore d'aviser aux moyens de se procurer un couvert à la table du banquet social, ne songeaient qu'à la renverser et à grouper les heureux et les malheureux autour de l'égalitaire gamelle. Ils étaient plus excusables, après tout, que Platon chassant les poètes de sa république. Ils refaisaient le monde à leur infime mesure, leur ambition était de ne plus avoir faim. Cela est plus poignant que risible, et nous ne devons pas oublier qu'ils posaient à leur manière un problème que notre temps n'a point encore résolu, le problème du minimum de subsistances pour tous les êtres humains. Les arts et le luxe, si éloignés du modeste étalon de vie des babouvistes et qui ont enlevé à la production de la « suffisance » tant de bras humains, ne se sont pas encore relevés de l'anathème de Rousseau ; et nul, dans un monde que décime encore la faim, n'en peut jouir sans trouble de conscience.

La chimérique entreprise d'enfermer le contenant-société dans le contenu-association est on ne peut plus propre à ramener les membres de l'association à un conformisme de groupe aussi étroit, sinon plus, que celui de la famille, du clan, de la corporation, de la cité, où une communauté réduite, organisme simple et sans division du travail, pliait chacun sous les tyrannies d'opinion, et enserrait les actes de relation et jusqu'aux pensées les plus intimes dans les liens de la coutume. Mais ce conformisme ne reçoit jamais complète satisfaction. Le milieu social dont sont extraits les membres conformistes de l'association, et avec lequel ils conservent mille points de contact, est infiniment plus complexe qu'ils ne le peuvent imaginer. D'autre part, ils sont imprégnés à leur insu de cette complexité, et ils l'expriment désordonnément dans l'association par leur désir de la voir suffire à toutes les tâches sociales, mêlées et confondues. Il s'ensuit que, dans nulle association, si réduite en nombre soit-elle, ces conformistes ne se trouvent jamais complètement identiques les uns aux autres. Ils n'ont pas la ressource de pouvoir tolérer la dissidence sur des objets étrangers à l'association, puisqu'à leur estime tout est dans tout et l'association contient tout : cette intolérance les oblige à éliminer les non-conformistes — et qui ne l'est peu ou prou ! — et à fermer plus étroitement encore l'association.

Ce conformisme, qui montre combien les morts du clan, de la cité et de la corporation sont encore vivants en nous, donne en même temps l'explication du particularisme qui émiette jusqu'à l'impuissance certaines catégories d'associations composées en majorité d'individus grégaires, héritiers de l'antique conformisme et dont la sociabilité limitée ne se contente que d'un petit groupe de semblables en tous points. On attribue le particularisme extrême des associations françaises à la somme plus grande d'individualisme qui nous caractérise. C'est oublier que notre individualisme est plus formel et verbal que réel, puisqu'il ne s'est pas encore élevé à la notion de division du travail et que chacun, groupé avec des semblables identiques en tout à lui-même, prétend assumer toutes les tâches et fonctions. Notre individualisme en est encore à la phase critique, confuse jusqu'au retour à l'indivision, et notre idéalisme, transposé dans le domaine de l'action, nous joue ce mauvais tour auquel l'Anglais échappe par son réalisme pratique et l'Allemand par un esprit grégaire qui réunit les semblables par grandes masses en fonction spontanée, organique, de division du travail.

Les associations qui sont des survivances des formes sociales nécessaires du passé se préservent du particularisme et de l'émiettement par le solide lien religieux et historique qui les rattache à leur centre commun. Et cependant elles n'y échappent point absolument. Sans parler de la célèbre querelle des dominicains et des jésuites pour la domination dans l'Église catholique, on a vu les congrégations d'hommes et de femmes se multiplier au siècle dernier non pour assumer en se les divisant les tâches nécessaires à la vie de l'Église, — puisque certaines de ces congrégations luttaient avec le clergé séculier pour enlever des fidèles à leurs paroisses respectives et les amener à leurs chapelles, — mais pour satisfaire au particularisme de ces conformistes, subordonnés pour le reste aux lois générales de leur église. Aussi, qu'est-il arrivé? Qu'un nombre sans cesse croissant de groupes religieux s'est partagé un nombre sans cesse décroissant de fidèles, et que l'Église catholique se trouve plus loin que jamais de son rêve d'empire universel sur les âmes et sur les corps.

Objectera-t-on que l'émiettement des sectes, phénomène de particularisme causé par un désir de conformisme absolu, n'a pas coïncidé dans le protestantisme avec une diminution du nombre des fidèles, toujours sensiblement le même? Ce serait méconnaître le caractère du protestantisme, qui a été de s'enfermer dans la catégorie religieuse et dans le for privé des consciences. La multiplicité des sectes n'atteste donc que l'infinie variété des interprétations possibles du mythe chrétien et des dogmes qui en dérivent. Il est mille manières de concevoir un fait inconnnu, il n'en est qu'une pour le fait connu. Dans le pays même où se sont multipliées les sectes, aux États-Unis, le protestantisme a de ce fait perdu la puissance politique et sociale qu'il garde encore presque intacte en Angleterre, en Prusse et en Suède, où il est la religion d'État ; mais en revanche, le sentiment religieux y est peut-être plus vivace.

Pour justifier, fût-ce à leurs propres yeux, leur raison d'être, les congrégations sans nombre qui se sont formées au XIXe siècle dans un pays d'où la foi se retirait ont prétendu assumer les tâches que jadis l'État laissait à l'Église, l'enseignement et l'assistance, au moment même où l'État, plus pénétré de ses devoirs à mesure qu'il s'imprégnait davantage de démocratie, montrait moins d'indifférence envers les ignorants et les malheureux. La multiplication des ordres religieux enseignants date du premier essai sérieux fait en France par l'État pour organiser l'instruction publique. C'est sur ce point, bien plus que sur l'assistance, négligée par l'État jusqu'à ces dernières années, que s'est porté le principal effort congréganiste. Le nombre des orphelins, des infirmes et des vieillards dépasse encore la faculté d'assistance de l'État et des communes. Or en 1900, le nombre des congréganistes de tous ordres était de près de deux cent mille, et le nombre d'assistés que se répartissaient les cent trente mille religieux appartenant aux ordres charitables ne s'élevait pas à quatre-vingt mille. Les ordres charitables se fussent certainement multipliés davantage encore, si l'État et les communes avaient entrepris pour l'assistance le même effort que pour l'enseignement.

Pour les congrégations d'enseignement et d'assistance, ces fonctions n'étaient donc que des moyens jugés propres à servir au développement de la puissance religieuse. L'association générale qu'est la société civile ne pouvait supporter que certaines de ses fonctions servissent de moyens contre sa propre constitution, et elle a réagi en vigueur en supprimant toutes les congrégations. Elles ont perdu l'existence légale et se sont vu ôter toute possibilité de fonctionner, pour avoir tenté de se subordonner la société tout entière par mélange des fonctions et maintien de l'antique conformisme. Elles n'ont donc finalement point atteint leur objet.

Le conformisme des associations fondées sur le double principe de liberté et d'égalité leur est plus funeste encore qu'à celles en qui survivent les institutions du passé ; et c'est en lui, bien plus que dans l'insouciance des isolés, qu'il faut voir un obstacle à leur développement. N'est-ce pas lui qu'invoquent les théoriciens de l'arbitraire individuel lorsqu'ils protestent contre l'esprit de troupeau des associations et surtout contre la tyrannie syndicale ? Lorsqu'à l'imitation à peine élargie de Babeuf, le syndicalisme anarchiste tente de refondre le cadre social sur le plan ouvrier et avec des moyens exclusivement ouvriers, il se condamne à donner des phénomènes sociaux une explication sommaire et simple qui n'effleure même pas leur réalité. Comment, dans la complexité du monde social et l'interdépendance de tous ses phénomènes, se flatter d'exercer une action transformatrice quand on ignore le milieu sur lequel on veut agir au point de fonder tout l'antimilitarisme syndical sur ce sophisme que les patries sont une invention des gouvernants afin de parquer les gouvernés et de les rendre plus maniables? Comment, sinon par défaut d'observation en dehors d'un milieu restreint et peu cultivé où la force physique est en honneur, conserver le culte mystique de la violence et ne pas apercevoir que l'obstacle à l'émancipation économique et sociale des salariés n'est pas dans les lois et les baïonnettes de la bourgeoisie, mais dans leur incapacité actuelle de prendre en mains la direction de leurs propres destins? Et comment conquerront-ils le monde, s'ils ne sont pas même parvenus à se posséder en esprit, c'est-à-dire à se connaître et à mesurer la distance exacte qui les sépare de leur légitime idéal?

N'est-ce pas pitié, vraiment! de voir gaspiller le temps précieux que les prolétaires enlèvent à leur sommeil après une harassante journée de travail et vouent au syndicat, ainsi égaré et détourné de son objet! L'observation montre que la mégalomanie syndicaliste n'est pas ouvrière et qu'elle a été introduite dans certains syndicats par des théoriciens qui ont fait leur apprentissage dans un lycée, et non devant un établi ou un étau. Partout où, dans le syndicat, les ouvriers sont laissés à eux-mêmes, agissent entre semblables, on peut plutôt leur reprocher une certaine timidité d'esprit qui les attache étroitement aux fonctions de défense professionnelle pure; et ce n'est que progressivement qu'on les voit s'élever à la notion de défense des intérêts de toute leur classe, par fédérations interprofessionnelles.

Ces syndicats n'ont pas poussé comme des champignons dans l'atmosphère d'une réunion publique ; ils sont le résultat d'un patient effort, parfois séculaire ; ils ne sont pas à la merci d'une grève malheureuse, qui en a dispersé tant d'autres : ils ont donné à leurs membres l'habitude de la cotisation régulière et élevée, tant raillée par les révolutionnaires qui, croyant que le poing suffit, tiennent pour imminente la transformation de l'enfer social en paradis, du moment qu'ils l'ont annoncée. Ils sont pour l'ouvrier une école de socialité, et le mettent à des tâches qui ne dépassent ni son esprit ni ses forces. Combien seraient coupables les théoriciens qui tentent de l'enlever à ces tâches, au mépris de la loi de division du travail, s'ils n'étaient eux-mêmes, sous un appareil scientifique qui n'en peut imposer qu'aux simples, des victimes du rêve conformiste, témoins attardés d'une société disparue et qui ne revit plus qu'en eux !

D'autres syndicats sont victimes d'un conformisme conservateur qui est peut-être encore moins propre à leur donner satisfaction sur l'objet primaire, fondamental, du syndicat : la défense des intérêts professionnels. Sans parler des syndicats jaunes qui, à l'origine tout au moins, sont apparus comme des machines de guerre montées contre les syndicats spécifiquement ouvriers par certains employeurs aidés d'hommes politiques appartenant aux partis conservateurs, il est certain que les syndicats mixtes peuvent avoir une utilité d'ailleurs réduite pour les intérêts généraux de la catégorie professionnelle, mais n'en ont aucune pour défendre le salaire des ouvriers ou leur épargner les longues stations de travail et la concurrence des femmes et des enfants. Pour l'ouvrier, donc, ils ne font pas fonction de syndicat ; ses intérêts ne sont pas même confondus avec ceux de son employeur dans les avantages que le syndicat poursuit : tarifs douaniers ou primes à la fabrication, mais subordonnés ou simplement écartés. L'association du pot de fer et du pot de terre est, dans l'occurence, plus dangereuse pour celui-ci que la lutte. Il en est de même des syndicats confessionnels, fondés dans le même esprit que les syndicats mixtes, mais que leur caractère spécifiquement ouvrier ramène, on l'a vu pour les grèves de Westphalie dont il a été parlé plus haut, à leur objet, qui est la défense des intérêts ouvriers ; par le seul fait qu'ils étaient entre semblables, ils ont passé par-dessus les disciplines religieuses et se sont souvenus qu'ils étaient avant tout ouvriers. Les évêques qui les ont groupés autour de leur croix pastorale ne les trouveraient peut-être pas aussi empressés si d'aventure ils les appelaient à quelque guerre religieuse.

Le conformisme, en matière coopérative comme en matière syndicale, peut être ramené à deux types généraux : le type confessionnel et le type socialiste. Quand le syndicat ou la société coopérative est confessionnel, le but syndical ou coopératif est subsidiaire et ramené à l'état de moyen pour des fins de propagande ou de domination religieuse. Quand ces associations sont socialistes, elles peuvent prétendre à contenir en elles-mêmes tous les moyens propres à la réalisation du socialisme ; et nous avons vu que c'est le cas du syndicalisme révolutionnaire. D'autres, comme les coopératives belges, sont des annexes du socialisme politique ; et elles suscitent en réplique des coopératives catholiques, considérées comme des moyens de détourner la classe ouvrière du socialisme et de la ramener à l'Église.

On sait que le catholicisme, qui est une religion sociale, comme l'Église est elle-même une société complète, excelle à s'emparer des instruments d'émancipation humaine. Après avoir jeté l'anathème à la presse, elle a su s'approprier cet instrument de propagande en opposant la « bonne presse » à l'autre. S'inspirant de son esprit, les partis conservateurs font de même. C'est leurs représentants qui, en Autriche-Hongrie, ont organisé les coopératives ouvrières de consommation ; et nous les avons vus en France être à l'origine les plus zélés instigateurs d'un mouvement d'association qui, aujourd'hui, les dépasse : le syndicalisme agricole, un syndicalisme spécial qui recrute à présent les petits propriétaires par masses nombreuses. Ce syndicalisme, point du tout conformiste, développe ses institutions d'assurance et de coopération, et il sera bientôt en convergence avec le syndicalisme ouvrier rural, dont peu de chose le sépare, et en contact avec les coopératives urbaines de consommation.

De ce que les syndicats agricoles sont animés de l'esprit démocratique, au point qu'on a pu leur attribuer l'éclatante victoire des radicaux aux élections de 1906 ; de ce que les syndicats, révolutionnaires ou limités à l'objet, et les coopératives, annexées au parti socialiste ou indépendantes, sont animés de l'esprit socialiste, s'ensuit-il qu'un égal conformisme les domine. Certes, non. Le syndicat agricole peut être une formation démocratique en évolution non encore consciente vers le socialisme, la coopérative et le syndicat peuvent être des formations socialistes, sans que ces modes d'association économique exigent de l'individu une adhésion à des objets autres que ceux de l'association dont il est membre. Ces associations ne seraient conformistes que si le socialisme et la démocratie qui sont en elles, du fait même qu'elles sont, faisaient d'elles les uniques modes acceptables de l'action sociale. Si elles formaient un parti, une religion, ou si elles s'incorporaient à un parti, à une religion, elles tiendraient l'individu tout entier et s'opposeraient à la société tout entière au lieu d'y faire fonction de division du travail.

Que le conformisme soit conservateur ou se prétende révolutionnaire — et il ne peut être révolutionnaire, étant une survivance, donc un phénomène de conservatisme — il condamne à manquer l'objet qu'elle poursuit toute association qui ne se libère pas de lui. Les avertissements ne font pas défaut ici. Que sont les syndicats ouvriers, en Belgique, encore mêlés aux groupes et comités d'un parti politique, le parti ouvrier socialiste, et à ce titre déviés vers l'action politique? Peu de chose comme nombre, comme activité et comme efficacité spécifique. La Belgique est le pays des bas salaires et des longues journées, et les syndicats ne savent pas même y donner à la classe ouvrière le plein profit des bribes de législation protectrice que le parti socialiste arrache aux partis conservateurs.

Les syndicats révolutionnaires français, dans leur passion conformiste, en arrivent parfois à professer hautement leur mépris pour les tâches propres du syndicat. On lira plus loin ce qu'ils pensent des contrats collectifs de travail, dont ailleurs, notamment au Danemark et aux États-Unis, les fédérations syndicales ont fait un puissant moyen d'apprentissage de la souveraineté du travail dans le domaine industriel. En janvier 1905, au congrès d'hygiène des travailleurs et des ateliers, les conformistes du syndicalisme révolutionnaire refusaient d'entendre parler M. Frédéric Passy sur « les rapports de l'hygiène et de l'économie domestique », sujet assurément moins éloigné de l'action syndicale que le néo-malthusisme, alors fort en faveur auprès de ces syndicats. Quelques mois après, ils élevaient de véhémentes protestations dans le journal de la Confédération du travail contre les syndicats qui avaient organisé une conférence contre l'alcoolisme, qui est pourtant un obstacle plus immédiat au recrutement syndical, et en général à l'émancipation ouvrière, que l'existence des patries ou même des armées permanentes.

Ces intolérances conformistes ne se trouvent point d'ailleurs dans les associations ouvrières seulement. En mai dernier, le Dr Paul Salmon, dans une séance de la Société de prophylaxie sanitaire, présidée par M. le sénateur Bérenger, présentait à ses collègues un appareil destiné à empêcher l'éclosion des maladies vénériennes. Le président lui enleva la parole, son conformisme moral ne lui permettant pas de s'intéresser à des gens qui n'avaient, dit-il, « qu'à ne point fréquenter les prostituées ». Il est certain que voilà une société de prophylaxie sanitaire bien gardée contre l'immoralité ; mais est-il moral, fût-on société de prophylaxie sanitaire et morale, de laisser sans secours les gens qu'on peut préserver du mal ?

III. — LES OBSTACLES EXTÉRIEURS QUE RENCONTRE L'ASSOCIATION

La complexité du monde moderne ne permet plus à un organisme simple d'association de prétendre à la domination ou à l'incorporation universelles. Il est certain que le sentiment commun n'est plus si simple ni si homogène qu'aux époques de conformisme général, dont certains milieux nous reproduisent une image assez approchante, soit sur la vaste échelle de l'Europe orientale, soit sur celle de nos petites localités arriérées où l'opinion traditionnelle exerce ses tyrannies sur tous les modes de l'activité individuelle. Il devient donc impossible, dans la civilisation générale, à une association de s'emparer, en l'exprimant, d'un sentiment commun qui n'existe plus, et encore plus impossible de le ressusciter par abolition du sens critique, désormais éveillé dans tous les ordres de la pensée et de l'action et suffisamment vivace déjà pour résister victorieusement à une telle entreprise. Car si l'opinion commune perd de plus en plus de sa puissance positive d'autrefois, elle a acquis un caractère critique et négatif, première et nécessaire étape vers un consensus général scientifique et délibéré, qui la préserve de toute tentative intérieure ou extérieure de régression vers le conformisme.

Cet état, que les écrivains conservateurs considèrent comme un état d'anarchie morale, et qui atteste un individualisme croissant, pourrait mettre en péril une société composée de familles juxtaposées et vivant sans échanges de leur production domestique. Il ne peut que vivifier une société fondée de plus en plus sur l'échange des services et la division du travail, car il est son nécessaire moyen de développement progressif : c'est par lui que l'individu se connaît, connaît son milieu et la situation qu'il y occupe, organise sa liberté et s'équivaut à ses semblables ; et tous deviennent ses semblables à mesure que se développent en infinie diversité et complexité les coopérations et les échanges de sentiments, d'idées et de choses.

Toute association, donc, qui dépasse ses limites, se heurte aux caractères critiques, mais très forts comme réaction de l'opinion, du sentiment ou de l'intérêt communs, éveillés précisément par cette agression collective. C'est ainsi que la France, indifférente plutôt en matière religieuse, s'est éveillée anticléricale devant la tentative cléricale des congrégations qui se sont crues assez fortes pour intervenir dans le combat politique et apporter leur aide aux partis conservateurs.

Même lorsque l'association demeure dans ses limites et y remplit sa fonction organique, elle n'est pas assurée pour cela de parvenir à ses fins, par exemple, lorsque le sentiment commun a gardé toute sa force positive dans un ordre donné de la pensée ou de l'action. C'est ainsi qu'aux États-Unis, où la liberté religieuse est attestée par l'infinie variété des confessions et des sectes, mais où subsiste dans toute sa force un sentiment moral et social commun sur la constitution de la famille, la communauté des Mormons a subi de dures persécutions et se voit forcée aujourd'hui de dissimuler sa polygamie organique. Ici, le conformisme général des Américains, en matière de famille et de morale, réagit violemment contre le conformisme économique, social, religieux et moral des disciples de Brigham Young. Mais quand bien même ils n'auraient pas fondé leur association sur la religion, ni sur la coopération économique, et se seraient étroitement enfermés dans la pratique de la polygamie, le conformisme moral américain ne les eût pas moins persécutés et entravés. Il a d'ailleurs montré ainsi que, s'il permet à l'association religieuse de se constituer des supports économiques, il ne tolère pas qu'elle empiète sur le domaine social au point de modifier la constitution de la famille et de restaurer ainsi l'antique conformisme social des époques patriarcales. En sorte que le sentiment public américain s'est à la fois affirmé dans son caractère positif, conformiste, et dans son caractère négatif, critique, réunis ici pour préserver l'individu d'un péril de régression vers un état de moindre autonomie.

L'association qui se limite à son objet et le veut remplir entièrement a parfois à compter non seulement avec des survivances partielles de conformisme général, mais encore avec les caractères purement critiques du sentiment public. C'est ainsi que, l'an dernier, les syndicats du personnel des chemins de fer italiens ont dû renoncer au mouvement d'obstruction sur lequel ils comptaient pour obtenir du Parlement la reconnaissance du droit de grève. L'obstruction n'était pas la grève, mais l'observation minutieuse et savante des multiples règlements qui s'appliquent à la marche des trains, à leur chargement, aux rapports du personnel des gares et des trains avec les expéditeurs et les voyageurs. Ainsi pratiquée, l'obstruction rendit impossible tout fonctionnement normal et désorganisa le service des transports aussi complètement qu'une grève générale l'eût pu faire. Cette ingénieuse idée de tourner la légalité contre elle-même fut fort mal accueillie par le public, et devant sa réprobation l'obstruction dut cesser. Comme le fit alors très justement observer la *Tribune de la Voie ferrée* aux syndiqués français dont elle est l'organe, « si l'opinion publique n'était pas favorable au système obstructionniste, c'est qu'il avait apporté une gêne profonde à la vie sociale sans que, d'autre part, les revendications du personnel des voies ferrées fussent considérées comme ayant un caractère d'urgence tel, que, pour les faire aboutir, la population dût faire le sacrifice temporaire de ses intérêts ».

Cette leçon de choses, qui eut cependant un grand retentissement dans le monde syndical, devait être perdue quelques mois plus tard pour les facteurs des postes. N'ayant pas su intéresser le public parisien à leur grève, ils durent l'interrompre devant son indifférence plutôt hostile. Par contre, ce même public avait, dix ans auparavant, aidé les grévistes de la Compagnie des omnibus à dételer les voitures, et coopéré à leur succès ; en apprenant qu'ils suspendaient le travail pour obtenir de ne point travailler plus de douze heures par jour, il s'était ému et avait allégrement accepté d'aller à pied pendant quelques jours. Dans le récit de son voyage *De San Francisco au Canada*, M. Jules Huret a enregistré le cas d'un restaurateur qui refusait de payer son personnel au tarif syndical et qui y fut contraint par une véritable grève des consommateurs, le personnel les ayant pénétrés de la justice de ses revendications.

Si l'association trouve ses limites dans la complexité sociale au point d'être parfois empêchée par elle de les atteindre, cet empêchement n'est en tout cas que provisoire, et ne peut que concourir à l'éclairer sur les moyens les plus propres à atteindre son objet. Cet obstacle extérieur, on vient de le voir par deux exemples, n'est pas irréductible et peut même devenir une aide puissante. Il est évident qu'au fur et à mesure des progrès de l'association, un sentiment public naîtra et se développera en sa faveur. La plupart des consommateurs, étant eux-mêmes des producteurs groupés par catégories professionnelles, seront alors portés de bon gré à subir une gêne momentanée pour aider à l'amélioration du sort d'une corporation donnée, à charge de réciprocité. Les fédérations syndicales interprofessionnelles, dans cet ordre d'associations, sont éminemment propres à favoriser ce solidarisme contractuel entre semblables dans le temps et dans l'espace. Elles sont l'instrument nécessaire, essentiel sinon unique, de la souveraineté économique promise au monde du travail dans une société qui comporte et supporte de moins en moins la perte sèche des fonctions onéreuses ou inutiles.

Il peut arriver à l'association cette chance heureuse et méritée, lorsqu'elle poursuit exactement et uniquement son objet, d'agir si vigoureusement, nul effort n'y étant dispersé ni perdu, qu'elle mette fin au particularisme, dont nous avons noté les causes et les effets, soit par le fédéralisme syndical, soit même, comme le cas vient de se produire en Angleterre, par les moyens de la conquête romaine adaptés aux conditions économiques modernes. Dans un article de l'*Aurore* du 7 juin 1906, M. Joseph Cernesson, l'historien des coopératives anglaises, nous montre leur puissante Wholesale en train de truster, au besoin par une concurrence victorieuse, les moulins coopératifs autonomes d'Halifax, des Pionniers de Rochdale, d'Oldham, etc. Si bien qu'à présent, tout au moins dans le monde coopératif britannique, et il compte deux millions d'associés, soit de huit à dix millions de consommateurs, « la Wholesale est la souveraine incontestée du royaume de la farine ». Une telle puissance d'accaparement par les intéressés, — et celui-là seul est légitime, — permet d'espérer que bientôt cette importante branche d'alimentation échappera aux entreprises des spéculateurs et sortira du domaine capitaliste pour entrer dans celui de l'association.

IV. — LES OBSTACLES INTÉRIEURS

L'association ne trouve pas seulement ses limites dans les obstacles que lui oppose le monde extérieur. Ceux que lui opposent ses propres membres, pour n'être pas aussi considérables, n'en existent pas moins. Il ne suffit pas qu'ils soient associés, non pas même pour conquérir l'univers, mais simplement la catégorie dont ils sont un fragment organisé ; encore faut-il que leur force soit à la mesure de leur vouloir. Certes, leur union est une force, mais ce peut être une force aveugle, ou peu éclairée. C'est déjà beaucoup qu'elle soit ; le seul fait qu'elle existe, que des individus aient entrepris le grand et décisif effort qui les a tirés de l'état d'isolement et portés à renoncer à leur inutile arbitraire pour se placer sous le régime du contrat, est un fait important, et le pas le plus difficile a été franchi. Comme il n'y a pas d'association sans objet, cet objet fût-il vaste et indéterminé comme l'univers, le phénomène d'association est bien un phénomène de volontés individuelles convergentes, toutes réserves philosophiques faites sur les mobiles et les motifs qui les ont déterminées, même quand l'association prend tous les aspects extérieurs d'un retour à l'état grégaire.

Mais il ne suffit pas que l'association se soit donné un objet. Si elle l'a placé trop au-dessus ou trop loin d'elle, si cet objet dépasse la capacité actuelle ou même virtuelle de ses membres, elle risque de ne jamais l'atteindre et de dégénérer en groupe mystique, où l'activité du rêve est en raison de l'inactivité pratique. Dans ce cas, l'association peut durer si elle répond à un besoin mystique de ses membres. Mais si, en s'associant, ils ont eu pour objet la satisfaction d'un besoin autre que celui de se consoler des réalités par des rêves, il arrive toujours un moment où l'un d'eux aperçoit, et le montre aux autres, que l'on n'escalade pas la lune avec une échelle de six pieds, et que peut-être, après tout, cette ascension n'est pas désirable. Et au lieu de vouloir la lune, les associés placent leurs désirs un peu plus à leur portée. A l'état d'isolement, ils eussent sûrement continué de rêver l'impossible et inutile escalade.

Il a été suffisamment parlé plus haut des associations qui prétendent contenir à la fois tout l'individu associé et tout le monde extérieur, pour n'avoir pas besoin d'insister sur le particularisme forcé de telles associations, ni de montrer plus en détail combien ce particularisme fait obstacle à leur développement, indépendamment du but trop vaste ou trop lointain qu'elles se sont assigné. Tous ces conformismes particularistes, en effet, réagissent bien plus les uns sur les autres qu'ils ne font de conquêtes sur le monde extérieur. Le meilleur de leurs forces se perd dans la lutte contre quiconque, individu ou association, poursuit le même but, rêve le même idéal, selon des dogmes et par des moyens différents. Un croyant est toujours davantage l'ennemi du dissident que de l'athée. Ce phénomène de concurrence entre semblables, et il n'en peut exister d'autre, est trop connu et trop commun pour qu'il soit nécessaire d'en donner des exemples. La politique, à elle seule, en fournit une moisson inépuisable, et il ne faut pas oublier que la politique est un phénomène d'association.

Le seul fait de leur développement continu dans la société moderne est une preuve que, si imprégnées encore de conformisme qu'elles puissent être, la plupart des associations sont constituées pour un objet précis et qui ne dépasse pas leur portée. Elles peuvent n'avoir que des vues approximatives sur l'existence de cet objet et posséder des moyens bien imparfaits pour l'atteindre, cet obstacle interne n'est pas invincible. Si nous prenons, par exemple, le syndicat, qui, composé d'ouvriers, présente forcément le plus faible degré de culture générale en même temps qu'une plus grande obéissance aux coutumes traditionnelles, nous observons que l'effort initial accompli par chacun de ses membres pour identifier sa propre défense à celle de la corporation est récompensé beaucoup plus tôt qu'on pourrait le croire, si on ne songeait qu'à la pénurie intellectuelle de la plupart d'entre eux, et si l'on ne tenait compte de la haute valeur morale contenue dans la volonté d'association.

En entrant dans le syndicat, l'ouvrier en général limite ses sentiments et ses actes de solidarité à ceux qui sont ses semblables les plus immédiats et les plus proches ; mais il ne reste pas longtemps en cet état. Cordonnier à Bourges, il a pu demeurer indifférent à l'existence des cordonniers de Rouen, ou même les considérer comme des concurrents qui diminuent sa part de profits. Mais du jour où ceux-ci lui ont apporté leur concours collectif pour aider son syndicat à défendre son propre salaire, il a senti que tous les cordonniers de France étaient solidaires ; et son sentiment de solidarité professionnelle n'a pas tardé à franchir même les frontières pour s'étendre aux cordonniers du monde entier. Que si les cordonniers de Rouen lui avaient manifesté leur existence par un tout autre moyen que celui de l'aide syndicale, notre syndiqué de Bourges n'en aurait que plus vivement senti la nécessité d'une solidarité professionnelle. S'ils étaient venus à Bourges prendre le travail qu'il quittait afin de contraindre son patron à le lui payer mieux, il les eût d'abord traités en ennemis ; puis, mieux averti sur son intérêt, il se fût efforcé de lier leur cause à la sienne, en leur promettant de les aider en semblable occurrence.

Il peut, d'autre part, être indifférent à notre cordonnier de Bourges que les mécaniciens de Bordeaux défendent par le syndicat leur salaire ou leur repos. Si les mécaniciens de Bourges défendent également leur salaire ou leur repos, la chose lui est déjà moins indifférente. Il a sous les yeux leurs efforts et leurs privations, ils ont pu le pénétrer de la légitimité de leur cause, il reporte leur situation à la sienne, et sent plus vivement qu'il a, lui aussi, une cause. Avant même qu'il ait fait le calcul égoïste d'une réciprocité éventuelle et peut-être prochaine, il sera ému par le sentiment de l'identité de situation du cordonnier et du mécanicien, et fera sienne la cause de celui-ci. Il se sera ainsi, sans effort, sans raisonnement même, élevé de la notion de solidarité professionnelle à celle de la solidarité ouvrière. Ce ne sont alors plus seulement tous les cordonniers qui sont ses semblables, mais tous les ouvriers de toutes les localités et de toutes les nations.

Cette ascension cependant ne se fait pas toujours d'une manière aussi simple et aussi facile. Le sentiment de solidarité professionnelle générale peut s'acquérir assez vite ; mais il n'en est pas absolument de même du sentiment de solidarité ouvrière, même dans le cercle réduit de la localité. Je me rappelle un syndicat de mineurs en grève, qui refusait d'admettre les manœuvres à inscrire leurs réclamations à côté des siennes, et prétendait les traiter en salariés des mineurs. Aux États-Unis, il y a séparation très nette entre la catégorie des ouvriers qualifiés et celle des non qualifiés. En Angleterre ce n'est que depuis peu d'années que les dockers et autres ouvriers non qualifiés ont été admis par les trade unions, et la nécessité de constituer une force ouvrière puissante en face du torysme hostile a eu autant de part à ce bon mouvement que le sentiment de la solidarité de classe. Tout récemment encore, on a vu les syndicats ouvriers bâlois repousser l'assurance d'État contre le chômage proposée au referendum populaire. Cela s'explique si l'on réfléchit un peu sur ce triple fait : 1° les ouvriers qualifiés se syndiquent plus volontiers que les non qualifiés ; 2° les ouvriers qualifiés chôment peu et les non qualifiés beaucoup ; 3° à la caisse nationale de chômage, les premiers auraient donné beaucoup et n'en auraient reçu que fort peu, tandis que les seconds auraient reçu beaucoup et donné peu. Rien ne nous montre mieux qu'il ne peut y avoir d'association, c'est-à-dire de contrat de liberté, d'égalité et de réciprocité, qu'entre semblables.

D'autre part, lorsque les corporations ont des intérêts directement opposés, il est assez difficile que le sentiment de classe puisse dominer l'intérêt professionnel. Les ouvriers urbains, dont le budget domestique est surchargé par les taxes de consommation, ne se sentent guère solidaires des employés d'octroi. Ces derniers sont syndiqués cependant, ayant des intérêts professionnels à défendre. Que demain les syndicats ouvriers entreprennent une campagne contre l'alcoolisme, ils n'obtiendront pas sans peine l'adhésion de leurs camarades distillateurs, que la suppression de l'alcoolisme mettrait sur le pavé, comme celle de l'octroi les gabelous. Les ouvriers des distilleries, cependant, sont syndiqués. Que demain les nations désarment enfin, les syndicats antimilitaristes de nos arsenaux seront au comble de leurs vœux les plus hautement affirmés, comme une bravade de paradoxe. L'humanité se réjouira avec eux, mais leurs membres souffriront individuellement de la faim jusqu'à ce qu'ils aient trouvé une autre occupation que de fabriquer des armes et construire des cuirassés. On pourrait multiplier les exemples, en prenant toutes les professions transformées par le machinisme, qui appelle dans les ateliers et manufactures de nouvelles catégories professionnelles pour remplacer les anciennes.

Mais, ici, lorsqu'il est sérieusement organisé, et a acquis la prévoyance que donne une longue pratique, le syndicat devient l'organe de transmission des anciennes formes de travail aux nouvelles. C'est ainsi que, prévoyant la diminution du nombre des typographes à mesure de l'introduction des machines à composer dans les imprimeries, la Fédération du livre, la plus parfaite des organisations syndicales françaises, limite depuis des années l'apprentissage et pèse sur la Fédération patronale pour : 1° espacer l'introduction des machines ; 2° y faire occuper les typographes. Ainsi se trouve évitée dans la mesure du possible la lutte entre deux catégories d'ouvriers, puisque la plupart des typographes apprennent à manier la linotype, et c'est l'association elle-même qui résout en unité ou en identité des oppositions qui semblaient être des obstacles à son développement.

V. — LE DOMAINE DE L'ASSOCIATION ET SES ANNEXES

L'association qui se consacre uniquement à son objet reçoit de la spécialisation qui concentre ses efforts une garantie de durée et une promesse de développement ; mais elle n'est pas isolée dans l'univers, ses limites mêmes sont des points de contact avec lui : il peut lui être hostile ou favorable, mais non plus indifférent ou fermé. Tout d'abord, elle ne peut vivre en se plaçant soit au-dessous, soit au-dessus des lois, du droit commun, sans péril pour son existence. Étant une personne collective, elle ne peut subir le droit commun des individus isolés sans en être gênée ou sans mettre l'ordre social en danger. Le statut que lui donneront les lois lui sera d'autant moins favorable qu'elles émaneront d'un esprit fortement grégaire, fardé d'individualisme par les hommes d'État qui ne supportent aucun intermédiaire entre la masse des isolés et la puissance publique dont ils sont les dépositaires et les bénéficiaires, sous le couvert parfois d'un contrat de démocratie absolutiste. Paraît-il au contraire désirable aux représentants de la démocratie que certaines formes d'association et les objets qu'elles poursuivent soient favorisés, afin que des corrections à l'inégalité économique et sociale rendent moins illusoire la théorique égalité politique et civile qui est à la base du statut social ? Une législation de faveur vient alors se substituer aux interdictions absolues de l'époque où le pouvoir était exercé par une classe homogène, et à son profit presque exclusif. C'est ainsi que les lois de 1884, sur les syndicats professionnels, et de 1898, sur les sociétés de secours mutuels, ont accordé à deux grandes catégories d'association un statut spécial qui, au regard du droit commun des associations, quasi supprimé en 1834 et fixé en 1901, constitue un privilège dans la littéralité du mot et dans la réalité de la chose.

Mais l'association peut estimer que le droit particulier ou général qui la régit ne lui permet pas de réaliser pleinement son objet. Si elle agit sur l'opinion et sur le Parlement pour obtenir une revision du statut organique par lequel sont fixés ses rapports avec la société, elle ne se détourne évidemment pas de son objet, puisqu'elle entreprend cette poursuite directe afin d'obtenir des conditions qui lui permettent de mieux l'atteindre. Par exemple, la loi de 1884 reconnaît aux individus exerçant une profession le droit de se syndiquer ; mais ce droit n'a pas de sanction, puisqu'un individu peut impunément en interdire l'exercice aux individus qu'il emploie en les menaçant de les priver du salaire, c'est-à-dire de leur unique moyen de subsistance. Qu'on adopte ou qu'on repousse la thèse de l'employeur affirmant son droit de ne passer de contrat de travail qu'avec les individus qui lui agréent, cela ne change rien à ce fait : que le bon plaisir d'un particulier peut interdire à d'autres l'exercice d'un droit. Que même si l'on allègue qu'il en est de ce droit comme de celui d'hériter, auquel sont réellement aptes ceux-là seuls qui ont des parents à héritage, il n'en reste pas moins que l'association, en l'espèce le syndicat, peut estimer légitimement que des sanctions légales contre tout obstacle à son existence lui sont nécessaires. Qu'il ait tort ou raison d'en juger ainsi, cela ne change rien à l'affaire. Il est ou se croit lésé par un article ou par une lacune du code il est pleinement dans sa fonction, dans la poursuite de son objet, en exerçant, par tous les moyens que les lois générales n'interdisent point, une pression sur l'opinion et sur les pouvoirs publics.

D'autre part, les obstacles que rencontre l'association peuvent tenir à des causes qui n'avaient point jusque-là éveillé l'attention des gardiens du pacte social, ou qu'ils avaient craint de détruire par un respect superstitieux ou affecté de l'arbitraire individuel, si fréquemment encore identifié avec la liberté. La concurrence du travail des femmes et des enfants avilit le salaire des hommes employés aux mêmes tâches; il était donc tout naturel, indépendamment de toute considération morale et sociale, que les trade unions de 1847 fissent la campagne qui obligea le Parlement britannique à voter la journée de dix heures pour les femmes et les enfants employés dans les manufactures. En agissant ainsi, les trade unions étaient dans le droit sens des intérêts professionnels, puisqu'elles ont pour objet fondamental d'en assurer la défense, et elles ne dépassaient pas leurs limites naturelles.

Les associations sportives qui assaillent le Parlement de leurs pétitions, et les agents voyers de leurs réclamations sur le mauvais état des voies publiques, ne s'écartent pas non plus de leur objet, puisque leurs membres, automobilistes et cyclistes, ont besoin de routes bien entretenues. La Fédération du livre ne s'en écarte pas davantage, lorsqu'elle envoie ses délégués dans les réunions publiques dénoncer aux électeurs ouvriers le candidat qui fait confectionner ses affiches chez un imprimeur qui occupe des « sarrazins ».

Pour être demeurée pleinement dans son objet et avoir rempli exactement sa fonction, la Chambre syndicale des débitants n'en a pas moins été, et avec justice, déboutée de sa prétention lorsqu'elle a voulu obtenir des tribunaux une condamnation contre le préfet de la Seine, qui avait, par une affiche, averti le public des dangers de l'alcoolisme. Plus heureux, le syndicat des hôteliers marseillais faisait fermer un établissement créé par un philanthrope dans le but d'assurer aux émigrants italiens, en partance pour l'Amérique, un logement spacieux et sain. S'il y avait eu à Marseille seulement deux cents citoyens soucieux de l'hygiène publique, et qu'ils eussent lu le rapport à l'Académie de médecine où le Dr Chantemesse a raconté qu'il avait « visité à Marseille un hôtel aménagé pour soixante-trois locataires et qui hospitalisait cent vingt-sept » émigrants « peu familiarisés avec les lois de l'hygiène », ces citoyens justement effrayés de cette « menace permanente d'épidémie » auraient formé une association qui eût eu raison de la campagne des hôteliers. Les conseillers municipaux, avant de céder à la sommation de ces derniers, eussent mis en balance les logeurs, qui ne sont que deux cent soixante et un pour tout le département, et, toute considération de moralité mise à part, ils eussent pris parti pour l'hygiène au nom de leurs intérêts électoraux.

Les syndicats d'industriels qui sollicitent des tarifs douaniers, les syndicats de commerçants qui demandent des traités de commerce, les syndicats d'armateurs qui demandent des primes à la construction maritime, ne sont pas moins dans leur fonction en présentant ou en imposant leurs requêtes aux pouvoirs publics. Les associations idéologiques et morales qui leur demandent le secours du bras séculier pour atteindre leur but, répression de la pornographie par le livre ou par l'image, prophylaxie de la prostitution par la liberté ou par la réglementation, sont également dans leur rôle. Les trade unions n'en sont pas sorties, même lorsqu'elles ont conduit, il y a soixante-dix ans, l'agitation chartiste pour donner aux ouvriers le droit de vote. Elles n'en sortent pas davantage aujourd'hui, en dépit des apparences, pour avoir constitué dans le Parlement et dans le pays un parti du travail ; non plus qu'elles n'en sortaient récemment en protestant contre la guerre du Transvaal et la politique protectionniste de M. Chamberlain, puisque, par ces actes, le gouvernement conservateur lésait gravement les intérêts de la classe ouvrière.

A ce compte, ceux d'entre les syndicats français qui semblent consacrer le principal de leur effort à lutter contre le militarisme, et remplacent la propagande syndicale par des appels aux conscrits, sont donc également dans leur objet non de conformisme révolutionnaire général, mais spécialement syndical, puisque, s'il n'y avait plus d'armée, on n'enverrait plus de soldats dans les grèves. Mais on peut d'abord répondre à ceux qui soutiennent cette méthode que l'on verrait moins de soldats dans les grèves si les syndicalistes révolutionnaires ne s'attachaient point à faire de ces conflits purement économiques des manœuvres préparatoires, des exercices d'entraînement pour l'assaut final, suprême bataille au soir de laquelle un nouveau monde surgira des débris de l'ancien. On peut ensuite répondre qu'une telle tâche, bonne ou mauvaise, la question n'est pas là, est une tâche essentiellement politique. Même si on ne la condamne pas au nom des moyens légaux que possède la démocratie pour transformer son statut politique, économique et social, on doit la condamner au nom de la division du travail, de l'adaptation d'un instrument spécifique à ses fins propres ; car, même organisé par fédérations interprofessionnelles et internationales, le syndicat n'est pas un cadre suffisant pour contenir et exprimer tous les modes d'activité de l'individu. Nous verrons plus loin qu'il n'est pas impossible que le trade unionisme anglais empiète un jour sur des fonctions auxquelles il n'est pas propre, et nous dirons quelles forces extérieures et intérieures sauront le ramener dans ses limites.

Sans s'écarter de son objet et au contraire afin de le remplir plus complètement, l'association peut entreprendre des tâches qui semblaient devoir incomber soit à l'État, soit aux particuliers associés ou non. C'est ainsi que le syndicat ouvrier ou patronal est pleinement dans son rôle lorsqu'il crée des cours professionnels ou techniques, chaque corporation étant intéressée à augmenter la valeur de ses membres, et l'action de l'État, des communes et des particuliers étant encore insuffisante. Le syndicat peut même, et c'est pour lui un excellent moyen de propagande matérielle et morale, faire fonction de société de secours mutuels contre la maladie et le chômage. Les syndicats ouvriers qui ont employé ce moyen, que des projets de loi en instance devant les Chambres doivent encore leur faciliter, sont ceux qui recrutent le plus d'adhérents dans la masse des isolés, et par conséquent défendent avec le plus d'efficacité les intérêts professionnels de leurs membres, tout en constituant une force considérable au service des intérêts généraux de la classe ouvrière. Pour le conformisme syndicaliste anarchiste, cette tâche supplémentaire assumée par le syndicat est une hérésie sévèrement jugée. Mais son jugement le juge lui-même lorsque la *Voix du Peuple*, organe de la Confédération générale du travail, le prononce en ces termes : « Ce qui est hors de doute, c'est que les institutions mutualistes faussent l'esprit syndical, entravent l'action des militants, nuisent au succès des revendications et retardent l'émancipation économique de la classe ouvrière ».

Conservatisme incurable, attachement servile aux traditions insurrectionnelles, voilà ce qui empêche ces conformistes enfermés dans le syndicat comme dans un fort enlevé par surprise de voir que les barricades ont assez bu de sang humain. Oui, c'est faire injure à ceux qui les dressèrent, et y moururent pour opposer le droit à l'arbitraire, que de tenir leur sacrifice pour inutile. Mais il est plus facile de détruire que d'édifier. Et il demeure encore en nous tant et tant de paresses ancestrales...

VI. — L'EXTENSION DANS LA CATÉGORIE

Le conformisme étant nécessairement un facteur d'association particulariste, la limitation à l'objet ne peut être qu'un facteur de développement progressif et d'unité dans la variété et la liberté. En permettant de se réunir à tous les individus qui, par un de leurs caractères, se sentent semblables, et qui poursuivent un objet identique, l'association limitée à l'objet est un instrument supérieur de sociabilité en fonction de division du travail. Elle n'a plus dès lors dans l'espace d'autres limites que celles mêmes du globe habité, et elle porte au maximum la valeur de la catégorie qu'elle représente, conséquemment des individus qui la composent, en s'élevant du plan particulariste, auquel sont condamnées les associations conformistes, au plan fédératif.

Une fédération d'associations étant un phénomène de volonté, c'est-à-dire de délibération éclairée sur le meilleur motif d'agir, élevé à la deuxième puissance, il va de soi que le pacte fédératif ne peut que consacrer, en lui donnant sa valeur entière, le statut de liberté et d'égalité qui est le fondement même de l'association. Dans l'association particulariste, isolée, fût-elle limitée à l'objet, et à ce titre n'engageât-elle l'individu qu'au minimum, celui-ci peut être infériorisé et despotisé. On sait que, si la justice se rendait au village, maints criminels seraient sûrs de l'impunité et que maints innocents seraient frappés. Un cercle de juridiction plus étendu, par là même plus éclairé et moins partial, est donc une garantie pour l'accusé et pour la société intéressée à ne point commettre d'erreur. La fédération constitue, en association, le ou les degrés supérieurs de juridiction qui sont les garanties de liberté pour l'individu.

De même et par voie de conséquence, l'individu taré ou insociable qui, par sa seule présence, désorganise l'association dont il fait partie, peut être exclu non seulement du groupe, mais de tous les groupes de même catégorie dans lesquels il tenterait de pénétrer. Dans le désordre des associations particularistes, cet individu n'est rejeté de l'organisme d'association qu'après avoir erré de l'une à l'autre et s'en être fait rejeter successivement. On a vu, à l'époque où le socialisme politique se divisait en cinq partis, qui étaient en somme autant d'associations, certains individus promener de l'un à l'autre leur ambition, ou leur instinct de désordre, et porter ainsi leur nuisance au maximum : ils étaient naturellement de ceux qui, dans les conseils, s'opposaient le plus à l'unité fédérative de tous les groupes socialistes.

Par la fédération, l'association acquiert donc la pleine possession d'elle-même et de son domaine propre, ce qu'elle ne peut faire, il faut encore le répéter ici, qu'autant que le plus grand nombre de ses membres, sinon chacun d'eux, est intéressé à son développement et voit la récompense au bout de chaque effort qui lui est demandé. Cette récompense est d'autant plus certaine que l'association est plus étendue dans l'espace, et seule la fédération peut l'étendre ainsi. De plus, malgré les ambitions qui pourraient lui être suggérées par le sentiment de sa force, la fédération est un obstacle à tout retour de conformisme. Dans ses organes directeurs, elle a véritablement le caractère d'un gouvernement spécialisé en même temps que suffisamment occupé par ses tâches propres. Il n'est donc pas à craindre, comme dans une association particulariste limitée à l'objet, qu'un entraînement vienne détourner une fédération de ces tâches pour la porter à en entreprendre d'autres, auxquelles ses organes ne sont pas adaptés.

Ces organes en effet ont quelque chose de permanent, leurs fonctions spécialisées les rendent jaloux de tout empiètement. Leur caractère conservateur est indéniable, si démocratique que soit le mécanisme fédératif. Toute proposition tendant à faire dévier la fédération vers des tâches qui ne sont pas les siennes, ou à l'entraîner à des manifestations qui profitent à tout autre qu'elle-même, trouve donc en elle autant d'adversaires que d'obstacles matériels. C'est ainsi qu'au Congrès des associations pacifistes, tenu à Milan en septembre 1906, un prêtre, M. l'abbé Pichot, ayant proposé le vote d'une adresse au pape pour le remercier de l'intérêt qu'il porte à la cause de la paix, M. Frédéric Passy a transformé très heureusement le caractère de cette proposition, en faisant voter que l'adresse serait envoyée à tous les chefs des confessions religieuses et des associations de franc-maçonnerie.

Croit-on que, dans un congrès de sociétés savantes, une proposition tendant à imposer un credo religieux serait bien accueillie ? Les délégués et les commissions spécialisées seraient unanimes à estimer que le champ scientifique est assez vaste et que son défrichement demande déjà assez d'efforts spécialisés, puis convergents, sans qu'il soit nécessaire d'y semer artificiellement la pullulante herbe théologique aux variétés infinies. En revanche, il se peut très bien qu'une société savante enfermée dans sa localité et dans sa spécialité en arrive, du fait de cet isolement et sous l'empire de circonstances données, à supprimer toute liberté de conscience pour ses membres, à faire du conformisme religieux, philosophique, moral, social, etc. N'est-ce pas ce qui arrive à l'Académie française, recrutée par cooption et placée si haut par un consentement traditionnel, que toute communication, ou peut s'en faut, n'existe plus entre elle et la pensée vivante du pays, qu'elle est censée représenter ? Un conformisme de bon ton, de tenue discrètement mondaine, un conservatisme religieux, politique et social en a écarté rien qu'au siècle dernier, soit par oubli, soit par dédain, Auguste Comte, Balzac, Proudhon, Flaubert, Michelet, Quinet, Zola, tant d'autres. Elle en eût oublié ou dédaigné bien davantage si l'opinion publique ne l'avait à maintes reprises contrainte.

Rien de pareil ne se voit, ou à un degré infiniment moindre, dans la classe voisine de l'Institut : l'Académie des sciences. La nécessité de communiquer avec les sociétés vouées aux mêmes objets et de s'incorporer des associés étrangers l'a maintenue et lui a fait produire au maximum ses résultats utiles. Elle n'est pas, comme l'Académie française, un corps hybride se recrutant au gré d'un conservatisme tempéré par la surveillance de l'opinion universelle, mais un corps homogène aux fonctions de travail nettement divisées et pleinement remplies. C'est sa fédération réelle, sa communication incessante et nécessaire avec les corps scientifiques du monde entier, qui l'a préservée de n'être qu'une association purement décorative ; et même, à l'intérieur, les multiples associations scientifiques spécialisées, communiquant entre elles soit par fédération permanente, soit par les fédérations périodiques que sont les congrès, la préservent de l'ossification et du décoratif isolement conformiste de sa voisine. Des vaudevillistes, des grands seigneurs et des évêques donnent au faubourg Saint-Germain l'illusion qu'il reste encore quelque chose des temps abolis ; mais ce n'est qu'une illusion......

VII. — LE CONFORMISME, CAUSE D'EXTENSION HORS DE LA CATÉGORIE

L'association est chose si vivante et si active qu'elle ne peut se tenir à sa place. Nous avons noté son irrésistible tendance à la conquête, et comment elle ne trouve ses limites que dans les résistances qui lui sont opposées. Il en est ainsi parce qu'elle exprime à la plus haute puissance l'activité humaine, et que celle-ci s'exprime par la lutte et par la coopération, employant parfois la coopération à la lutte pour une coopération générale mettant fin à toute lutte. Tout ce qui est en contact avec l'association aura donc nécessairement des rapports avec elle, et ces rapports seront en raison du caractère spécialisé, limité à l'objet, que l'association aura pris. Qu'ils s'expriment par la lutte, par l'échange ou par la coopération, ces rapports sont inévitables, et d'ailleurs nécessaires, puisqu'ils sont créateurs d'une sociabilité sans cesse élargie entre les membres si divers de la famille humaine.

Donc, même limitée à son objet, toute association est portée à s'accroître dans l'espace et à subordonner ou incorporer tout ce qui entre en contact avec elle. Est-ce une société de biens, un consortium financier, un trust? Son objet étant non de produire telle marchandise, mais par cette production de tirer un profit, cette association tend à se subordonner le peuple des consommateurs. Il lui arrivera même de prendre pour auxiliaires ceux qu'elle a déjà asservis comme producteurs et qu'elle veut surexploiter en tant que consommateurs. On a en effet observé aux États-Unis quelques cas, d'ailleurs isolés, de coalition entre les trusts et certaines unions ouvrières.

Un écrivain doué de plus d'esprit généralisateur que de jugement fondé sur une longue et minutieuse observation, M. Urbain Gohier, nous est récemment revenu d'Amérique, où il avait passé quelques semaines à compléter les travaux de Christophe Colomb et d'Americ Vespuce : il était effaré et horrifié de ce qu'il avait vu. Là-bas, les trusts monopolisent l'industrie entre les mains des grands capitalistes, et les unions monopolisent la main-d'œuvre au profit des ouvriers. Et ces deux forces immenses se coalisent contre l'infortuné consommateur! Les choses n'en sont pas encore là, et notre explorateur avait à peine débarqué au Havre que déjà une grève de trois cent mille mineurs en Pensylvanie pouvait le rassurer sur cette funeste entente des capitalistes et des ouvriers. Il est certain que, par union et fédération, le monde du capital tend à former un bloc et le monde du travail un autre bloc. Mais il ne peut exister entre ces forces que des accords temporaires, trêves dans l'éternelle guerre, chacun d'eux aspirant par sa nature même à la souveraineté absolue dans le domaine de la production. Ils sont dissemblables, mais poursuivent un objet identique : nul point d'équilibre ne les peut donc fixer, sinon pour reprendre haleine avant de se remettre en marche pour la conquête. Ou le premier asservira étroitement le second, ou celui-ci éliminera celui-là comme facteur de la production.

S'il s'est trouvé des unions ouvrières pour pratiquer de telles ententes avec les employeurs et partager avec eux un prélèvement léonin, surtout au profit de ceux-ci, sur la bourse des consommateurs, c'est parce que ces unions étaient reliées insuffisamment, ou même pas du tout, à l'ensemble syndical. Il est certain, en effet, que la classe ouvrière organisée syndicalement ne pourrait ni passer ni autoriser de tels accords, même partiels, puisqu'elle constitue en tous pays la masse des consommateurs. Un groupe d'ouvriers peut conclure de tels marchés d'exploitation ; ils seraient pour une classe organisée un marché de dupes, puisqu'à une hausse des salaires correspondrait une hausse, toujours plus forte par le fait des intermédiaires, du prix des denrées et des marchandises. Jusqu'à présent, nulle augmentation, nominale ou réelle, du salaire n'a jamais été obtenue aux dépens des profits de l'entrepreneur, mais par une augmentation de la productivité des salariés donnant à l'entrepreneur des profits supplémentaires. Au cours du XIXe siècle, la richesse générale de la France a quadruplé alors que les salaires ont à peu près triplé, non pas nominalement mais comme pouvoir d'achat ; et ce fait n'est pas particulier à notre pays. C'est donc par une lutte directe, en masses organisées syndicalement, que les salariés pourront faire fléchir cette règle, et par un effort continu vers la souveraineté économique. Nulle coalition de deux catégories aussi dissemblables que celles-là n'est donc sérieusement imaginable, puisqu'en fin de compte c'est contre eux-mêmes, comme consommateurs, que les salariés se seraient unis aux capitalistes.

En revanche, il est des associations de nature diverse, mais qui poursuivent par leurs moyens propres un but identique, en même temps que leurs membres respectifs sont semblables par leur situation économique et sociale. Ainsi, un ouvrier aspire à recevoir le produit intégral de son travail et à ne plus être dans la société un individu subordonné. Il possède sa part de souveraineté politique, et il veut l'employer à conquérir la souveraineté économique : il s'incorporera donc au parti socialiste, qui poursuit cette fin. Mais le syndicat poursuit également cette fin. D'autre part, M. Charles Gide lui affirme, et non sans fortes raisons, que le but de tout effort étant la consommation, il faut donner le pas au consommateur sur le producteur. Or, les associations coopératives de consommation sont on ne peut plus propres à émanciper économiquement et socialement l'individu, leur puissance d'expansion n'ayant de limites que celles de l'espèce, puisque tout être humain est un consommateur.

On peut donc dire que le socialisme a, non trois aspects généraux, mais trois moyens généraux d'expression et d'expansion. Notre ouvrier va-t-il s'enfermer dans une de ces trois catégories d'association qui expriment et propagent le socialisme ? C'est assez sa tendance, tant qu'il demeure dans l'état d'esprit conformiste, encore si général. Le voilà donc enfermé dans le cercle d'association politique qu'est le parti socialiste. Né cependant d'un congrès ouvrier, où les groupes politiques s'étaient mêlés aux syndicats, ce parti n'a dégagé les syndicats en fonction de division du travail socialiste que lorsqu'ils ont affirmé leur volonté de vie autonome et d'action spécifique. Il l'a fait si tard, et de si mauvaise grâce, dans son obstination à ne voir en eux que des groupes d'initiation, une « école primaire du socialisme », et à les subordonner à son activité générale, qu'ils se sont détachés de lui et ont subi l'hégémonie des anarchistes.

La tâche de ceux-ci a été simple au possible, et c'est sur une équivoque, un jeu de mots, qu'ils l'ont fondée. Ils n'ont eu qu'à démontrer aux syndiqués qu'il était stupide de se mettre à la remorque des politiciens acharnés à s'entre-dévorer et dont les querelles écartaient de l'adhésion au syndicat quantité d'ouvriers qui voulaient bien défendre leurs intérêts professionnels, mais répugnaient à s'enrôler pour cela sous une bannière politique quelconque. Leur mot d'ordre était aussi expressif qu'irrésistiblement logique : Plus de politique dans les syndicats ! Voilà l'immense service rendu à la cause syndicale, donc ouvrière, par les anarchistes. C'est de ce mouvement et sous l'empire de ce sentiment de division du travail élevé à la puissance d'une notion claire et précise qu'est née la Confédération générale du travail.

En dépit des apparences historiques et encore actuelles, ce n'est donc pas une course au clocher démagogique et révolutionnaire qui a projeté les syndicats de l'orbe socialiste dans l'orbe anarchiste, mais un naturel et légitime besoin d'autonomie et de réel fonctionnement organique. Mais les anarchistes mués en libertaires depuis qu'ils avaient substitué la propagande et l'action par masses à leurs anciens procédés de terrorisme individuel, n'allaient pas tarder à faire payer cher le service qu'ils venaient de rendre aux syndicats. La formule « pas de politique ! » avait pour eux un tout autre sens que pour les ouvriers désireux de vouer le syndicat à ses tâches propres et non d'en faire l'annexe d'un parti politique : elle signifiait, selon la doctrine anarchiste, que les partis politiques et leurs moyens parlementaires d'expression ne peuvent pas émanciper le salarié de sa servitude économique et sociale, fussent-ils socialistes et même socialistes révolutionnaires. Comme les autres partis, le parti socialiste se propose la conquête de l'État ; et pour l'anarchiste l'État est l'ennemi qu'il faut détruire, non du dedans en le conquérant et en le transformant, mais du dehors et par tous les moyens.

Si cette doctrine, et toutes les conséquences qui s'en déduisent, avait été proclamée par ceux qui éliminèrent les socialistes de la direction des syndicats, il est à peu près certain qu'ils n'eussent pas réussi. Aussi ne s'affirma-t-elle, et ne se développa, que petit à petit, imposant d'ailleurs plutôt ses hommes, qui firent des prodiges d'activité, que ses formules. Peu à peu apparurent les manifestations d'antipatriotisme et de néo-malthusisme qui tournaient les syndicats vers de tous autres objets que la défense ouvrière sur le terrain économique. La politique libertaire fut ainsi substituée à l'*apolitique* syndicale, avec toutes ses conséquences : action directe, — formule équivoque d'ailleurs, qui peut s'appliquer aussi bien à l'action spécifiquement ouvrière vis-à-vis du patronat qu'à l'action révolutionnaire contre l'État, — grève générale révolutionnaire, appels aux conscrits par manifestes antimilitaristes, guerre à l'État et à tous les partis politiques, y compris et surtout le parti socialiste.

Ce n'était plus, ce n'est plus de la division du travail, ce n'est plus l'ouvrier demandant à son syndicat son émancipation économique et à son parti politique les moyens juridiques de cette émancipation. C'est un nouveau conformisme social, calqué sur celui qui règne encore dans le parti socialiste, et aussi étroit théoriquement que le conformisme catholique de Rome, acharné à soumettre les fidèles aux dogmes de conservation sociale autant qu'aux dogmes religieux de l'Église, au nom de l'antique unité morale et sociale dont elle fut si longtemps la vigilante gardienne.

Car il existe un conformisme dans le parti socialiste, comme dans tous les partis politiques, plus fort dans celui-ci que dans ceux-là, puisqu'il se flatte de transformer par son unique effort tous les rapports sociaux et de constituer un ordre nouveau. Notre ouvrier aura donc assisté à l'exode syndical, à la formation d'une force socialiste nouvelle, et il aura sans doute pris part aux tentatives faites en ce moment pour la ramener à la fois à sa fonction syndicaliste pure et à une collaboration avec le parti socialiste pour leur fin commune : la réalisation de l'ordre futur. Ceci est de bonne division du travail et prouve que la force et l'adversité donnent des leçons profitables. Si cette collaboration s'établit, un rapport de dépendance ne tardera pas à exprimer les choses de cet ordre dans leur réalité et leur tendance constante ; et le parti socialiste, destitué de ses ambitions héritées du jacobinisme politique, sera nécessairement ramené à la fonction d'instrument juridique des travailleurs organisés. Notre ouvrier pourra alors se syndiquer ; s'il l'avait fait plus tôt, si tous les socialistes étaient membres du syndicat de leur profession, cette division du travail serait accomplie depuis longtemps, et le syndicalisme n'eût pas subi l'épreuve anarchiste.

Le syndicalisme anglais paraît y être arrivé en ce moment. Il s'est d'abord conquis lui-même, dans les éléments les plus sains, les plus cultivés et les plus actifs de la classe ouvrière. Et s'il ajoute aujourd'hui la fonction politique par l'entrée de ses membres dans le Parlement, il se garde bien d'instituer un conformisme politique, à plus forte raison moral et social. Il est allé lentement, mais sûrement, des fonctions simples aux fonctions complexes, n'adoptant celles-ci que lorsqu'il s'est senti la force de les assumer. Le parti socialiste, qui s'est associé à sa dernière campagne électorale et à son succès, a été dûment averti que, selon l'expression employée par M. Jacques Bardoux dans la

Revue des Deux Mondes du 15 septembre 1906, « le parti ouvrier anglais ne veut être qu'un syndicat politique d'intérêts corporatifs ». Il est plus exact de dire que les trade unions se font représenter au Parlement pour se constituer un statut juridique qui favorise leur développement dans le sens de la souveraineté économique du travail. Aussi avant les élections, le 13 février 1906, l'orateur socialiste J. Keir Hardie caractérisait ainsi, dans une réunion tenue à Peckham, l'entente entre le parti socialiste et les trade unions : « Je ne dis pas que les trente députés ouvriers soient des socialistes. Rappelez-vous-le. Je ne dis pas non plus que le parti ouvrier parlementaire soit lié au socialisme. Rappelez-vous-le aussi. Le groupe ouvrier est une coalition parfaitement honnête et loyale entre le parti socialiste et le parti trade unioniste en vue de protéger les intérêts de la classe laborieuse. » Si dans cette collaboration le socialisme tente de dominer les syndicats au lieu de pénétrer de sa pensée générale les individus, la portion congrue qui lui est faite en Angleterre sera encore réduite, on peut en trouver l'assurance dans les précautions prises par le leader du parti socialiste pour mettre ses auditeurs « en garde contre de trop grandes ambitions ».

L'esprit analytique et catégorique des Anglais a préservé jusqu'ici leurs associations, y compris celle que forme le parti socialiste, du conformisme qui se manifeste encore chez nous par tant de traits. Ce n'est point dans ce pays que le parti socialiste entrerait en ébullition et demanderait des comptes à son chef le plus en vue parce qu'il a permis à sa fille d'accomp ɪr un acte religieux. Keir Hardie, en Angleterre, affirme sa foi, comme d'autres socialistes y affirment leur incroyance. Mais tous, y compris les trade unionistes, évitent de confondre le cléricalisme avec la religion lorsqu'ils combattent pour la loi qui se propose d'évincer de l'école publique l'anglicanisme d'État et tout autre ingérence religieuse.

Le parti socialiste de France, au contraire, entend si bien s'annexer les faits de conscience qu'il ne se borne pas à écarter quiconque ne professe pas l'incroyance, et qu'il entend se substituer aux associations de propagande rationaliste. Maintes propositions ont été faites dans ses groupes tendant à interdire à leurs membres de faire partie des sociétés de libre pensée ; et, à l'imitation d'une décision prise par le parti socialiste italien, justifiée d'ailleurs par des raisons de défense politique pure et immédiate, le Congrès de Limoges, en 1906, a discuté la question de savoir s'il est permis à un socialiste d'être franc-maçon ; et cette permission n'a été accordée qu'à une faible majorité.

Si notre ouvrier est incorporé depuis un certain nombre d'années au parti socialiste, il doit se rappeler le temps où les coopératives de consommation étaient dédaigneusement traitées de palliatifs bourgeois, bons à transformer en « épiciers » les travailleurs et à leur donner un sordide « esprit de boutique ». La coopération s'étant développée et de nombreux socialistes en ayant apprécié les bienfaits immédiats, en même temps qu'envisagé leurs progrès futurs, les points de vue se sont modifiés. Elle est apparue alors comme une branche qu'il était utile d'annexer au socialisme, ne fût-ce que comme « vache à lait », c'est-à-dire pour en affecter les bénéfices à la propagande. Il est certain que, vouée à son objet et imprégnée par la doctrine socialiste d'un idéal de libération économique des salariés, la coopération eût fait de plus grands progrès. Le syndicat et la coopérative sont encore en Belgique sous l'hégémonie du parti socialiste. La coopération en a moins souffert que le syndicat, et il se peut que dans ce pays elle conquière un jour l'hégémonie sur le parti politique, et favorise alors le développement syndical. Quoi qu'il en soit, si tout socialiste belge n'est pas syndiqué, du moins est-il participant à une coopérative ; par ce dédoublement nécessaire des individus, on a évité le conformisme étroit qui a fait si longtemps obstacle au développement des associations politiques et économiques en France.

VIII. — L'ASSOCIATION EST LIMITÉE DANS LE TEMPS COMME DANS L'ESPACE

La complexité sociale croissante nous avertit qu'aucune de ces trois formations : parti politique, syndicalisme et coopération, n'est capable à elle seule de réaliser l'idéal économique et social affirmé par le socialisme. Mais il est certain que le monde du travail salarié qui aspire à la souveraineté économique et à la somme d'égalité sociale que peut comporter la nature humaine, dans une société où les tâches sont subordonnées et solidarisées à l'infini, peut et doit espérer atteindre cette fin par l'emploi simultané et combiné de ces trois formes d'association. De ces trois formes, deux au moins sont permanentes, puisqu'elles constituent les cadres économiques d'un présent qui se développera dans l'avenir : le syndicat et la coopérative. Il n'en est pas de même pour le parti politique ; d'abord ramené à sa fonction d'instrument juridique, il peut en effet disparaître lorsque ses fins seront atteintes et le contrat social réalisé par les multiples associations qui permettront à chaque individu d'y apposer librement sa signature et d'en proposer la revision.

Mais si le parti socialiste doit mourir de la victoire qu'il se promet, il n'en est de même ni du syndicat ni de la coopérative, qui sont les instruments nécessaires du permanent contrat économique de l'avenir, fondé sur la liberté, l'égalité et la réciprocité. Que ces associations soient transformées par leur victoire, cela ne fait pas de doute. Que la coopérative transfère à la commune certaines des branches qu'elle met en valeur aujourd'hui, telles les habitations hygiénique louées à prix de revient, cela est à peu près certain. Qu'elle s'efface devant l'État pour l'organisation des assurances, il se peut. Mais il se peut aussi que l'État soit simplement le gardien et le garant des pactes d'assurance mutuelle conclus par des associations spécialisées, ou des associations d'associations.

Le syndicat, lui aussi, subira d'importantes modifications à mesure qu'il perdra ses caractères de combat pour en acquérir qui soient d'organisation. Mais seuls les socialistes qui rêvent une société où l'État-patron assumerait toutes les tâches et responsabilités économiques, ont pu pronostiquer la disparition du syndicat. La communauté fraternelle de Cabet pouvait se passer du syndicat, c'est-à-dire du cadre où vont spontanément se placer les individus pour tout ce qui touche à leur fonction de producteurs. Mais bien loin de se prêter à la disparition des organismes syndicaux, moyens d'expression de la vie économique collective sous la loi de la coopération universelle, le fédéralisme économique ne pourra que développer leur force et leur valeur, car seul il peut empêcher le parasitisme politique de se substituer au parasitisme économique.

C'est sourtout dans l'ordre idéologique et moral, comme dans l'ordre politique, que les associations trouvent une limite dans le temps. Il est évident que les associations charitables perdront leur raison d'être le jour où les institutions publiques de prévoyance et d'assistance auront pris leur plein développement. N'en déplaise à M. Fouillée, qui envisageait avec regret cette éventualité dans la *Revue des Deux Mondes* du 15 juillet 1901, nous verrons avec calme les « bons sentiments » chercher un autre terrain de culture, car les pauvres ne doivent pas servir à moraliser les riches. Il se conçoit que les associations de bienfaisance assistent sans joie au développement des institutions publiques qui ne leur permettront plus de vider la mer avec une écumoire. N'avons-nous pas vu récemment les représentants autorisés des sociétés de secours mutuels tenter de se mettre en travers de la loi sur les retraites ouvrières? Ne voit-on pas les associations charitables, surtout confessionnelles, se refuser généralement à toute collaboration avec les communes pour le secours aux indigents et rendre impossible l'abolition de l'avilissante mendicité? A Montluçon, en 1892, la municipalité tenta l'application du système d'Elberfeld, qui consiste à donner aux indigents des curateurs domiciliés à proximité. Les particuliers adhérèrent de fort bonne grâce à cette innovation. Mais les « œuvres » confessionnelles entendaient garder leurs pauvres, ou plutôt leurs mendiants ; elles refusèrent de communiquer avec l'institution municipale, et la réforme ne se fit pas.

Disparition pour les unes, après épuisement de leur raison d'être, transformation pour les autres, armatures sociales nécessaires, mais destinées à suivre les transformations mêmes de la vie collective et à en être les instruments : voilà ce que l'on peut prévoir sans faire pour cela le métier fallacieux et décevant de prophète. Tous ces moyens collectifs, de mieux en mieux utilisés par l'individu pour ses multiples fins, développeront une plus complète socialité ; et c'est ainsi que se fera un socialisme sans cesse en devenir, guéri de toute chimère d'absolu comme de tout conformisme moral et social.

CHAPITRE IV

LE DÉVELOPPEMENT DE L'ASSOCIATION

I. — COMMENT L'ASSOCIATION MODIFIE LES RAPPORTS SOCIAUX

Tout comme l'individu, l'association est dominée par la loi de la lutte pour l'existence, mais comme lui également elle est dominée par la loi de la coopération pour l'existence, et, lorsqu'elle est fondée sur un statut de liberté et d'égalité, tout acte de lutte manifeste sa tendance à réaliser une coopération plus étendue. Même dans ses pires excès, qui se traduisent en attentats contre la liberté et l'existence même de tous ceux qui ne lui sont pas incorporés et qu'elle s'annexe par subordination ou fait disparaître, l'association crée organiquement, parfois sans le vouloir et sans en avoir conscience, les conditions d'une socialité plus étendue. Ce nouveau terrain, en somme, est plus favorable au développement de la liberté et de l'égalité que le vaste désert humain où le semblable lutte contre le semblable, sous un théorique droit commun de liberté et d'égalité qui est la sanction juridique de l'arbitraire des plus forts.

Dans l'ordre de la production, l'association met des individus jusque-là isolés en contact avec un univers dont ils ne soupçonnaient pas même l'existence. Jadis le propriétaire logeait ses écus dans un bas de laine ou les enterrait au fond de son jardin, et les en tirait au fur et à mesure de ses besoins. En portant ces écus à telle entreprise située à deux mille lieues et dont l'achèvement demandera vingt ou trente ans, l'association capitaliste élève à un plan de socialité supérieure un individu qui aura dorénavant de bonnes et sonnantes raisons pour s'intéresser à ce qui se passe sur les bords du Nil ou sur l'autre rive de l'Atlantique. Elle n'a certainement pas pour cela transformé l'égoïsme propriétaire en altruisme, et il se peut même qu'il fasse moins d'aumônes aux pauvres qui l'entourent, afin d'acheter un plus grand nombre d'actions. Mais, en élevant son égoïsme du premier degré au second, elle l'a rendu socialement plus utile ; et peut-être notre rentier a-t-il moins d'indigents autour de lui à présent que son capital leur a ouvert un peu partout des chantiers de travail, donc une possibilité d'existence meilleure.

En recourant à l'association pour développer leurs entreprises et y adapter les moyens nouveaux que la science met incessamment à leur disposition, les chefs d'industrie élargissent la vue de leur intérêt propre ; ils aperçoivent alors que des salariés traités et payés convenablement sont plus productifs que ceux auxquels on laisse seulement de quoi satisfaire aux besoins les plus rudimentaires et toujours en quantité insuffisante. En regard, les industriels qui n'ont su ou pu faire appel à l'association pour agrandir leur domaine sont rendus ainsi incapables d'améliorer les conditions d'existence de leurs salariés, le voulussent-ils de tout leur cœur, sans s'exposer à la ruine. C'est ce qu'exprimait avec force en ces termes le rapport James Cox, de l'enquête ouvrière Moselly sur les conditions du travail aux États-Unis : « L'industrie du fer en Grande-Bretagne et les ouvriers qu'elle occupe verraient leur position s'améliorer infiniment si un tremblement de terre pouvait détruire un grand nombre de ces usines surannées de manufacturiers qui les « saignent » à blanc en temps de prospérité et « pressurent » leurs ouvriers à l'heure de l'adversité ».

Cette observation, qui porte l'enquêteur ouvrier à déclarer qu'il redoute moins, en fin de compte, les trusts, les « opérations du capital concentré » que « l'employeur sans argent », peut s'appliquer aux établissements de tous les pays. Les employés de commerce, en France, sont unanimes à préférer le grand magasin et ses disciplines à la menue boutique prétendue patriarcale où le « patron », hanté par le spectre des échéances, tire de lui le maximum de travail pour le minimum de rémunération. D'autre part, bien plus que le système individuel et particulariste, le système actionnaire appliqué aux entreprises fait apparaître le caractère social de la production et de la circulation. Non par un sentiment de socialité élevé jusqu'au sacrifice d'une part de leurs profits, mais par le désir éclairé d'avoir à leur disposition un personnel de choix dont la productivité soit portée au maximum, les grandes compagnies assument des charges que ne pourraient supporter les entrepreneurs isolés : elles organisent la retraite pour leurs salariés, l'avancement au mérite et à l'ancienneté, la garantie relative de la propriété de leur emploi par le commissionnement, la participation aux bénéfices. Nul de ces sacrifices n'en est un réellement ; et, pour ne parler que de ce dernier avantage, c'est toujours une part de l'excédent, produit au moyen de cet appât, qui est laissé au salarié, et non l'excédent tout entier. Il n'en demeure pas moins que les conditions matérielles de son existence sont améliorées dans une mesure appréciable, au regard de celles qui sont faites au salarié des entreprises individuelles.

Plus on se rapproche des modes anciens de production, — et le cas est frappant pour les industries de l'alimentation qui ne se prêtent encore que fort peu, du moins en France, au régime d'exploitation associée, sauf par le système coopératif, — et plus on acquiert la conviction qu'il n'est pas, en dépit des apparences, d'expression plus impropre que celle de féodalité capitaliste, appliquée aux entreprises fondées sur le système actionnaire. S'il subsiste quelque part des traces de la féodalité et des multiples liens qui attachaient l'inférieur au supérieur, c'est bien plutôt dans ces exploitations inévoluées où le paiement en nature, le logement du salarié dans le domicile du maître, établissent ou plutôt maintiennent des rapports de subordination de celui-là à celui-ci, non seulement pour les tâches industrielles ou commerciales, mais pour tout l'ordinaire de la vie de relation. C'est dans la boutique où le salarié est logé et nourri qu'il est tenu de professer la religion de l'employeur et de se conformer à ses opinions morales et politiques. Et dans les campagnes reculées où le travail agricole est demeuré au minimum de division intérieure, le salarié, qui n'est pas dénommé ouvrier, mais domestique ou valet, reçoit parfois encore des corrections manuelles qui lui rappellent que ses ancêtres furent des serfs.

Sauf exceptions, qui vont en se raréfiant à mesure qu'ils se heurtent à une plus grande cohésion ouvrière, les efforts tentés par l'école de Le Play, pour transporter les rapports féodaux dans le système économique et social moderne, ont échoué. D'ailleurs ils sont généralement l'œuvre de particuliers, plutôt que d'associations d'actionnaires. La loi de la division du travail s'impose à celles-ci, sur la base d'un contrat plus ou moins léonin, mais limité strictement à son objet, et elles ne demandent rien de plus aux salariés qu'elles emploient. Ils peuvent être croyants ou incroyants, régler leur vie et exprimer hors du travail les opinions qu'ils veulent. Ce qu'elles leur demandent, c'est une somme de travail donnée pour un salaire donné. Hors de là, elles ne les connaissent plus, ne s'intéressent ni à leurs sentiments, ni à leurs joies, ni à leurs douleurs, ne portent pas de bouillon à leurs femmes malades ni de vêtements à leurs enfants déguenillés. Il n'y a plus entre les deux contractants que les rapports fixés par les termes mêmes du contrat. L'employeur collectif n'est pas une réunion d'hommes, la collectivité des salariés n'est pas une collectivité humaine : il y a la compagnie qui donne un salaire, et l'ouvrier qui donne du travail. Et c'est finalement tant mieux pour la liberté de celui-ci ; il se constitue une existence autonome, et non plus dépendante ; il dégage son individualité, et l'accroît par l'association avec ses semblables.

II. — ÉLARGISSEMENT DE LA LUTTE ÉCONOMIQUE SUR LE PLAN COLLECTIF

Quand, par l'association, des forces antagoniques sont devenues sensiblement égales, il s'établit entre elles des contrats, permanents lorsque les intérêts qu'elles représentent sont de nécessité sociale et forment une catégorie irremplaçable, temporaires seulement lorsque l'une d'elles se propose d'assumer la fonction remplie par son antagoniste, pour son propre avantage en même temps que celui de la société tout entière. Il est certain, par exemple, que les employeurs ne poursuivent pas la disparition de la catégorie ouvrière, puisque leurs usines et manufactures ne pourraient fonctionner sans le concours des ouvriers. Ceux-ci au contraire, et ils reçoivent de l'institution démocratique tous les encouragements, entendent bien supprimer la catégorie patronale et se substituer à elle dans les tâches et avantages de direction du travail et de répartition des produits. Ils sont d'autant plus fondés dans leur espérance qu'ils ont observé que, dans les établissements industriels et commerciaux portés à leur plus haut point de perfection, donc de productivité, la direction est échue à des salariés. Les grands capitaines d'industrie des États-Unis qui « contrôlent » l'acier, le charbon ou le pétrole, c'est-à-dire unifient la production par le trust, ne sont pas des chefs techniques de telle spécialité industrielle, mais des *money makers*, des capitalistes au sens strict du mot. Les contrats que les associations ouvrières passeront avec les industriels isolés, syndiqués ou collectivement organisés par le système actionnaire, ne seront donc, il faut le répéter, que des trêves, paliers où l'assaillant respire et reprend des forces avant un nouvel assaut, dans une guerre qui ne peut finir que par la disparition d'un des deux adversaires.

Ces contrats, même, peuvent être des instruments de conquête définitive. C'est le cas des contrats collectifs de travail passés au nom du personnel d'une exploitation avec l'employeur, sur le type de la commandite dans l'imprimerie. Dans son livre sur les *Conflits du travail,* M. Yves Guyot a préconisé l'organisation commerciale du travail comme contenant « une solution du problème social », par l'avènement d'une démocratie industrielle qui substituerait « à une conception de concurrence politique l'apprentissage de la concurrence économique ». S'inspirant de l'idée, encore dominante chez les économistes libéraux, que la lutte est un facteur social plus important que la coopération, l'auteur de la *Science économique* veut que ces sociétés de travail possèdent respectivement la plus complète autonomie et, sinon par leurs membres individuellement, du moins par leur organisation et leur fonctionnement, n'aient aucuns rapports avec le syndicat.

Ce particularisme n'est pas dans le sens où nous voyons se diriger la classe ouvrière. Elle va vers la socialité élargie, vers l'unité par la fédération professionnelle et interprofessionnelle. Cette fédération est pour elle ce qu'est dans le monde capitaliste le groupe des capitaines d'industrie. De même que les faiseurs d'argent dominent actuellement la production et la maintiennent sous l'hégémonie capitaliste, les ouvriers élevés à la conscience de classe veulent que le syndicat conquière le « contrôle » de la production. Le premier degré de cette conquête étant le contrat collectif, qui, dans l'atelier et l'usine, destitue l'employeur de sa fonction de chef de travail et le réduit à celle d'acheteur de travail, le syndicat n'abandonnera pas les coopératives de travail à ce degré inférieur d'évolution ; ce serait en effet les laisser au plan des artels russes et refuser au syndicat, représentant organique du travail, toute possibilité d'éliminer le capitaliste après en avoir fini avec le chef de production. M. Yves Guyot propose une trêve perpétuelle, en somme ; or, il n'en peut exister de semblable entre le monde du capital et celui du travail.

En France, la force ouvrière organisée, dont l'impatience d'action et de conquête est en raison de son moindre développement, de son ignorance des forces qu'elle a devant elle, de sa conception simpliste du monde actuel et mystique du monde futur, a jusqu'ici fait peu de cas des contrats collectifs de travail que recommandaient déjà en 1840 les disciples ouvriers de Buchez dans le journal l'*Atelier*. Hantés par l'idée que la force suffit à tout, dominés par le traditionnalisme révolutionnaire, les syndicats qu'inspire la pensée libertaire, — et les autres syndicats par contagion de l'exemple, excitation d'amour-propre et sentiment de solidarité, — en sont encore au combat primitif de la grève ; et ils croient avoir fait un grand progrès en la tirant de son particularisme professionnel pour l'élever à la dignité d'un moyen de révolution sociale.

On sait à quoi a abouti l'essai de grève générale du 1er mai 1906, qui était à deux fins : la conquête de la journée de huit heures et une première mobilisation, avant le combat décisif, des armées du travail. Les ouvriers n'ont pas obtenu les huit heures, et l'effectif syndical s'est trouvé réduit par la défaite. Ce mouvement a, de plus, suscité en face d'eux une force jusqu'ici divisée, et voici que se forme à présent une confédération patronale du travail en face de la confédération ouvrière. Les nouveaux confédérés sont résolus à imiter les exploitants de l'industrie électrique berlinoise et à opposer le *lock out* à la grève, c'est-à-dire à fermer tous les établissements d'une localité ou d'une industrie si les ouvriers d'un seul établissement se mettent en grève. Un fonds de résistance s'élevant à six millions de francs serait déjà constitué par les industriels de la métallurgie.

Rien n'est plus utile pour l'éducation de la classe ouvrière que cette résistance patronale collective ; si ses syndicats avaient été moins occupés à la conquête de l'univers et s'étaient un peu plus rapprochés de leurs intérêts vitaux, ils l'eussent prévue et se fussent trouvés un peu moins désarmés devant elle. Car les employeurs ne demeuraient point aussi inactifs devant le recrutement syndical ouvrier et ses menaces que se plaisaient à le croire ceux qui diminuaient les difficultés aux regards des ouvriers pour les mieux décider à les affronter. Rien qu'à ouvrir le *Bulletin de l'Office du travail*, les syndicats ouvriers auraient appris que les patrons syndiqués sont relativement plus nombreux que les ouvriers syndiqués. Le cinquième ou le sixième de l'effectif patronal est en effet sous la règle syndicale, à laquelle échappent encore les neuf dixièmes des ouvriers. C'est pour les travailleurs une rude épreuve : ils en sortiront comme le métal de la trempe. Les ouvriers anglais, danois, américains, australiens y ont passé. Selon les milieux et les tempéraments nationaux, la résistance s'est organisée partout, et partout les syndicats ouvriers ont poursuivi la lutte, plus vigoureux, mieux informés, et par conséquent plus prudents et plus résistants.

Aux États-Unis, les « briseurs de grèves » se sont opposés violemment aux unions ouvrières et, dans le Colorado, la force patronale a répondu aux mineurs syndiqués par l'organisation d'une société secrète nommée « Alliance des citoyens de Denver ». Les unions étant armées, une véritable guerre civile s'ensuivit, qui aboutit en 1903 à un traité par lequel les patrons reconnaissaient la liberté syndicale et le droit pour les ouvriers de faire de la propagande « en dehors des heures de travail, par toutes les voies pacifiques et légales ». Un comité mixte fut constitué, chargé d'arbitrer les différends qui surviendraient entre les employeurs et les ouvriers. Dans les localités où les anarchistes, d'origine italienne, n'ont pas renoncé aux procédés terroristes, la lutte continue, et dans certaines elle s'est terminée par l'expulsion en masse des chefs radicaux hors du pays, sans aucun scrupule de légalité. Les résultats, si différents sur le même terrain, jugent les méthodes. En voici d'identiques sur des terrains différents, et qui prouvent que les syndiqués, lorsqu'ils sont le nombre, n'ont pas besoin de recourir à la bombe ou au fusil :

En Danemark, où, en 1899, un *lock out* de tous les patrons du bâtiment répondait à la grève ouvrière, une lutte de six mois se terminait par un contrat collectif de travail, avec commission mixte, qui assurait le lendemain à la puissance ouvrière organisée. Les pouvoirs publics secondèrent ce mouvement, et les Danois possèdent à présent une loi qui rend valables les contrats collectifs et en assure les sanctions par les tribunaux. En France, nous sommes encore sous le droit individuel du Code civil, et un syndicat n'a pas le droit de représenter les membres de la profession devant les juges, sauf dans des cas fort limités. En Australie, où le *lock out* de 1890 avait vaincu la grève des ports, les ouvriers ont doublé leur puissance syndicale de la puissance politique, par eux enfin conquise et exercée aux seules fins syndicales : tant dans ce pays qu'en Nouvelle-Zélande, où la même méthode a été suivie, ils ont la journée de huit heures, la retraite sans versement et l'arbitrage obligatoire qui rend la grève inutile.

Vraiment, en France, la grève classique était jusqu'à présent un trop commode et aussi trop rudimentaire moyen de combat, et il était temps que les adversaires naturels du syndicat lui rendissent le service de le contraindre à perfectionner ses moyens d'action. Quelles que soient les épreuves qu'impose momentanément à la classe ouvrière l'organisation patronale, et elles ne pourront dépasser les souffrances qu'engendre la grève, il faut se réjouir de ce perfectionnement de la lutte, qui, d'autre part, contribue à dissiper les dernières illusions sur la possibilité de rapports fraternels entre le capital et le travail. Il y a entre celui-ci et celui-là des rapports non fraternels, mais nécessaires. Car s'il est nécessaire que le travail et le capital demeurent unis pour le développement du bien-être général, il ne l'est pas du tout que le travailleur et le capitaliste conservent les positions qu'ils occupent aujourd'hui. Il n'est pas davantage nécessaire à l'économie des sociétés qu'elles se composent de capitalistes et de travailleurs. Ceux-ci peuvent conquérir la souveraineté économique, c'est-à-dire le capital, non par une impossible épargne et par d'inimaginables privations, non par la violence révolutionnaire qui ne peut avoir la vertu de leur donner les facultés propres à l'exercice légitime de cette souveraineté, mais par leur nombre et leur culture industrielle, économique et sociale.

III. — RÉSOLUTION DE LA LUTTE EN CONTRAT

Dans le monde antique, fondé sur l'économie domestique et où chaque cité se composait de familles dont chacune constituait une unité économique, juridique et religieuse sous l'autorité patriarcale, ces unités n'étaient reliées ensemble que par la nécessité de la défense commune et n'échangeaient rien les unes avec les autres. Lorsque la conquête les asservissait à un groupe de familles, celles-ci justifiaient leur parasitisme en assumant la fonction publique élémentaire de défense commune : en réalité, elles défendaient leur souveraineté et ses avantages contre les convoitises du dehors, comme elles l'assuraient en maintenant par l'exercice de juridiction les asservis dans l'ordre et dans l'obéissance. Les démocraties antiques voyaient si peu, et avec raison, une fonction de division du travail dans ces deux tâches essentielles de la souveraineté, qu'elles refusaient ordinairement de les déléguer : tous les citoyens en état de porter les armes étaient soldats, et l'idéal démocratique fut toujours de faire rendre la justice par le peuple assemblé. Dans les sociétés ainsi constituées, même et surtout lorsque le culte fut devenu service public et confié par la cité à certaines familles, toute dissemblance était difficilement tolérée par le sentiment public.

Nos sociétés actuelles, déjà si profondément différentes des sociétés antiques, ne peuvent que continuer de s'en différencier. Elles ne se composent plus de familles juxtaposées, dans lesquelles l'individu disparaissait, et sur lesquelles s'étageaient en fonction de gouvernement de la chose publique des familles d'origine différente et soigneuses d'éviter toute mésalliance. Les fonctions publiques ne sont plus la propriété de ces dernières, bien que les plus lucratives soient encore réservées par la force des choses à de véritables dynasties militaires, judiciaires, universitaires et administratives. En tout cas, quelque caractère de privilège qu'elles aient conservé, et c'est ce qui explique la poussée des fonctionnaires subordonnés vers le syndicat, ces fonctions ne s'encadrent pas arbitrairement dans la division du travail social : elles ne prouvent plus leur nécessité par leur existence, mais leur existence par leur nécessité. Elles peuvent avoir gardé en survivance quelques-uns des caractères onéreux de jadis ; ce n'est plus leur existence elle-même qui est une charge inutile pour le public.

Il y a, dans les sociétés actuelles, bien des inégalités de situation, et le parasitisme économique est peut-être aussi intense que jadis le parasitisme social des castes ou classes privilégiées. Mais, sauf exceptions qui vont en se raréfiant, chaque individu doit apporter quelque chose au marché s'il veut en emporter quelque chose : celui qui n'y apporte d'autres valeurs que le capital hérité de ses pères, sans y joindre de services d'aucune sorte, est sûr de n'être pas finalement le mieux partagé. Le capital, en effet, ne se reproduit et ne se multiplie que lorsqu'il est entre des mains actives : les conversions amenées par la baisse progressive du taux de l'intérêt ne permettront bientôt plus qu'à quelques individus très exceptionnellement riches de vivre de leurs rentes sans travail. L'oisiveté et l'incurie, et le gaspillage, et les vices coûteux vont généralement de compagnie ; si les fils de ces parasites n'apportent pas autre chose sur le marché, le temps n'est pas loin où ils s'en retourneront les mains vides.

Dès lors, il n'y a plus dans la société juxtaposition et superposition de familles et d'individus incommunicables et impénétrables, identiques quoique inégaux, mais combinaison selon des modes qui se multiplient, à mesure de la croissante complexité sociale, entre individus diversifiés d'autant, et pour qui leurs différences deviennent des moyens de communication entre eux, des instruments d'échange. Ils sont encore profondément inégaux en forces ; mais chacun d'eux, ayant son utilité propre, s'ingénie à la reconnaître et à la faire apprécier. Le régime politique du contrat leur est pour cela un excellent moyen. Le groupement entre semblables supplée aux insuffisances du contrat politique de démocratie ; et, à mesure que se développe l'éducation publique et que se répand le savoir, on peut espérer voir disparaître les fonctions inutiles et les caractères parasitaires des fonctions utiles, qu'un statut social non abrogé encore par le statut politique a laissé subsister.

La force d'association entre semblables, les contrats que l'association leur permet de passer à égalité de forces avec leurs échangistes sur le marché, voilà les créateurs de la liberté de l'individu dans la société moderne. Les temps de la lutte entre semblables finiront par l'association, comme par elle ceux de l'exploitation onéreuse des services rendus. Il existe déjà autant de catégories d'associations que les individus les plus divers peuvent avoir de besoins à satisfaire, de désirs et de sentiments à exprimer dans leur plénitude. Les temps de lutte seront révolus lorsque chaque catégorie aura incorporé tous ses ressortissants, pour la part d'eux-mêmes que ces individus lui auront apportée afin de recevoir satisfaction d'un besoin physique, intellectuel, moral ou social. Par la fédération entre associations de même catégorie, par l'association ou la fédération de catégories différentes, mais ayant à défendre des intérêts qui leur sont communs, par les contrats temporaires ou permanents qui se passent nécessairement entre catégories fédérées pour le nécessaire échange qu'est la vie sociale, on peut apercevoir déjà le monde actuel en marche vers un régime d'associations enchevêtrées, et cependant combinées. Dans ce régime, l'individu porté au maximum de sa valeur par la coopération avec ses semblables immédiats de toute catégorie, montera à un degré de socialité sans cesse plus élevé.

En combinant dans le phalanstère les « séries d'attraction passionnée », Fourier pressentit le monde de l'association réalisant la liberté de l'individu ; mais il voulut le créer artificiellement. En affirmant avec force qu'en matière sociale tout doit être soumis au contrat, Proudhon aperçut bien que nul contrat ne peut exister qu'entre individus égaux, donc libres, et il tenta artificiellement l'œuvre du contrat économique par la création du crédit gratuit. En appelant les prolétaires de tous les pays à s'unir et à prendre conscience de leur valeur de classe, c'est-à-dire de catégorie industrielle et sociale, Marx et Engels transportèrent sur le vaste terrain de l'action sociale la catégorie que Fourier combinait avec les autres dans la serre chaude du phalanstère, et ils voulurent donner à la catégorie économique l'hégémonie sociale. Grâce au développement de la science, de l'industrie, de la démocratie, les forces évoquées par ces créateurs du socialisme ont surgi et se classent d'elles-mêmes devant nos yeux sur des plans, dans un ordre et par des moyens qu'ils n'avaient pas imaginés. Elles réalisent, en effet, tout autre chose que le phalanstère, le mutuellisme et le communisme économique : totalisation du sentiment et du besoin de socialité croissants parmi les hommes de ce temps, cette autre chose est finalement le socialisme, puisque, par l'association, la fédération et le contrat, sont progressivement réalisées les conditions de liberté, d'égalité et de réciprocité qui éliminent toute fonction inutile comme tout parasitisme. Or, le socialisme, dans son but et dans ses moyens, est là tout entier. C'est donc l'amoindrir, lui ôter toute vertu efficace dans l'œuvre du développement humain que l'emprisonner dans une formule et le contraindre à exprimer d'une manière partielle et incomplète quelques-uns seulement des aspects de ce développement.

IV. — L'ASSOCIATION ET LE PROBLÈME DE L'UNITÉ MORALE

La religion était jadis l'expression en même temps que la gardienne de l'unité morale que les hommes de foi et d'autorité accusent les hommes de raison et de liberté d'avoir brisée, et que ceux-ci, confus du reproche comme s'ils l'avaient mérité, tentent assidûment de reconstituer sans le secours d'aucun impératif extérieur à l'humanité. En fait, nous ne manquons pas d'unité morale, puisque nous en avons deux ; le rationalisme, malgré ses méthodes critiques, en ayant constitué une tout aussi exactement que l'antique conformisme social réglé et contrôlé par la religion. Ces deux unités, de plus, ne s'opposent point sur l'essentiel de la morale pratique : qu'ils se fondent sur la théorie scientifique, c'est-à-dire vérifiée par l'expérience, qui déclare les mariages entre consanguins nuisibles à l'espèce, ou sur les impératifs religieux, les hommes de notre temps sont unanimes à réprouver ces sortes d'unions. Elles ne s'opposent que sur deux points, et il faut reconnaître qu'ils sont d'importance.

Pour le traditionnaliste, tel acte sera immoral, alors

que le rationaliste le tiendra pour indifférent ou même méritoire. Cette divergence doit nous faire suspecter la valeur morale réelle de cet acte, tout au moins nous avertir du caractère évolutif de la morale, éternelle en son fond à la mesure de l'éternité relative de l'espèce humaine, mais variable en ses modes et prescriptions comme le sont les sociétés humaines. Il est moral d'étouffer les filles à leur naissance dans un îlot du Pacifique menacé du péril de surpopulation, comme il le fut de vouer à la mort les nouveau-nés infirmes dans la cité guerrière de Sparte, où les filles mêmes participaient aux exercices de force. De semblables pratiques seraient dans notre société le comble de l'immoralité, puisque l'avortement y est encore, et pour d'autres raisons que le péril couru par la patiente, réprouvé par nos mœurs, au nom du rationalisme aussi bien que des impératifs divins. En revanche, s'il a contre lui les tenants du traditionnalisme obligés par les livres sacrés de leur religion, le malthusisme divise déjà les rationalistes ; et la plupart d'entre eux reconnaissent au moins théoriquement le droit de l'individu à ne mettre au monde que les enfants qu'il désire, tout en cherchant à accorder l'exercice de ce droit avec l'intérêt social.

Pour en finir avec le premier point, on peut donc dire que l'homogénéité, l'unité morale, est moins complète chez les rationalistes que chez les traditionnalistes. Cela se comprend : la morale des premiers se règle sur les mouvements de la vie de relation et de la pensée libérée de toute contrainte dogmatique ; tandis que celle des seconds est cristallisée dans des préceptes, d'ailleurs plus verbaux que réellement obéis, qui ont exprimé la vie morale aux temps d'unité et de conformisme absolus. Chez le rationaliste, le point de vue individuel pourra dominer le point de vue social avec plus de facilité que chez le traditionnaliste. Fort de cette constatation qu'il serait puéril et dangereux de dissimuler, celui-ci nie hautement que la nécessaire socialité puisse s'accommoder d'une telle anarchie morale, et il annonce la fin des sociétés qui s'y livrent. Pour compléter son triomphe, il aborde de lui-même le second point et se campe fièrement sur le solide terrain des sanctions. Faisant de nécessité vertu, certains rationalistes se glorifient de l'absence de sanctions qui caractérise leur morale, tandis que d'autres invoquent l'utilité, l'hygiène, ou bien, sous la risée des disciples de Max Stirner, tentent, par l'éducation de la jeunesse, de substituer l'impératif catégorique au décalogue.

Il est incontestable que nous vivons dans un ordre social où un droit commun d'égalité s'applique à des individus profondément inégaux, réunis entre eux seulement par des traditions, par les morts qui vivent en chacun d'eux, et rattachés isolément à la société par un pacte politique qu'ils sont encore incapables d'utiliser. Dans un tel ordre transitoire, les fruits de la raison et de l'expérience ne sont pas à la portée de tous ; aussi le triomphe du sens individuel, encore critique et négatif, apparaît-il comme un signe de dissociation, de dégénérescence sociale. Chacun y étant laissé à son arbitraire, contenu par les lois et les gendarmes seulement, il semble qu'une société ainsi déréglée en apparence soit au bord de l'abîme. Il n'en est rien cependant. Le milieu actuel s'est formé d'autres mœurs que le moyen âge ; elles sont l'expression même des nécessités de la vie de relation actuelle, et, somme toute, le prix de la vie humaine y est infiniment plus élevé, — criterium certain de moralité croissante, — qu'au temps du bon roi saint Louis.

Étant donné que la morale est la règle des rapports des individus vivant en société pour obtenir d'eux qu'ils ne se nuisent point mutuellement et qu'ils s'entr'aident, la solution du double problème de l'unité morale et des sanctions ne peut se trouver que dans une sociabilité sans cesse agrandie dans le temps comme dans l'espace. Comment, les impératifs religieux et métaphysiques écartés, l'individu d'ici et d'aujourd'hui pourra-t-il se sentir une obligation envers l'individu qui habite aux antipodes ou qui ne naîtra que dans un siècle ? Il ne le pourra que s'il existe un lien entre eux et lui, et surtout s'il a une conscience précise et claire de l'existence de ce lien.

Pour ce qui est de l'espace, la chose est faite sur certains points et semble se défaire sur d'autres : nous frémissons au récit d'un tremblement de terre qui broie ou engloutit cinquante mille Malais, et nous sommes à peu près indifférents aux deux cent mille victimes que la tuberculose fait annuellement dans la classe pauvre de notre pays. Pour ce qui est de la durée, nous ne craignons pas beaucoup plus que Louis XV le déluge pour nos enfants, et c'est sans y avoir le moindre mérite de prévoyance à leur égard que nous inventons des machines, que nous perçons des isthmes, ou que nous enflons la dette des États. Sur tous ces points, les traditionnalistes sont trop complices de leurs adversaires pour tirer avantage d'une solidarité dans le temps qui se manifeste surtout chez eux envers le passé.

Si le problème moral, qui se résout empiriquement à mesure que la sociabilité générale s'étend, est susceptible d'une solution méthodique et accélérée, il ne peut la recevoir que du régime d'association qui s'ébauche dans la société présente et au développement éclairé duquel nous sommes tenus de coopérer. Est-ce folie que de chercher, dans un régime de liberté et de variété, à constituer une unité morale épurée de toutes prescriptions impossibles à suivre ou inutiles au bien de chacun et de tous ? Non, certainement, et déjà les grandes lignes nous en apparaissent dans les associations existantes, soit qu'elles se conforment plus strictement que les individus à l'acquis moral antérieur sur lequel il n'existe aucune contestation entre traditionnalistes et rationalistes, soit qu'exprimant des rapports et des sentiments nouveaux que des individus isolés n'eussent pu établir, elles fassent surgir des caractères moraux dont on ne s'était préoccupé jusque-là que pour déplorer leur absence réelle.

L'utilitarisme est souvent à la base des actes de moralité accomplis par l'association, cela est incontestable. C'est ainsi que les garçons de café parisiens n'ont guère souci de la moralité publique, invoquée par eux, lorsque leur syndicat demande la proscription des servantes de brasserie. Ils veulent d'abord se débarrasser de concurrentes qui, le service étant pour elles un moyen de prostitution, peuvent accepter un salaire inférieur. Lorsqu'en France les syndicats patronaux du papier, du papier peint, de la bijouterie et orfèvrerie, tant d'autres, organisent l'enseignement professionnel et créent des cours du soir ; lorsque les chambres de commerce ouvrent des écoles techniques, ces associations poursuivent un but d'utilité pour leurs membres ou de prévoyance pour les enfants de ceux-ci, plus que de philanthropie envers leurs futurs salariés. Lorsqu'en juin 1906 le congrès de la propriété bâtie a recherché les moyens de remédier à « l'abaissement de la capacité manuelle des ouvriers du bâtiment », lorsque l'année précédente le congrès des ouvriers civils des établissements de la guerre a demandé au ministre que le concours, c'est-à-dire le mérite, fixât désormais les rangs, on a bien vu apparaître l'utilité de ces mesures pour ceux qui les proposaient. Il faut cependant noter, à l'actif de ces derniers, qu'il ne s'agit plus de se constituer un avantage, mais d'établir parmi eux plus de justice. L'association a donc été ici un facteur de moralité.

Elle l'est également lorsqu'elle fait renoncer les garçons de café à l'avilissant pourboire, en faveur du salaire fixe qui fera d'eux des ouvriers, lorsqu'elle les porte à réclamer le droit à la barbe, la privation de ce droit les assimilant aux domestiques, dépendances de la personne humaine, vestiges des anciennes servitudes de corps. Ce même éveil de dignité est constaté chez les petits décrotteurs et marchands de journaux d'Amérique, qui montrent au client le label de leur union corporative, carte civique en même temps que certificat de capacité et de probité professionnelles. Ne voyons-nous pas les ouvriers dénoncer par leurs syndicats des malfaçons onéreuses aux finances communales ou périlleuses pour le public? Lorsque le syndicat du personnel des chemins de fer signale l'insuffisance, la vétusté, l'insécurité du matériel, il a, comme les ouvriers des entreprises de travaux publics, des intérêts personnels à sauvegarder sous ce couvert ; mais ceux du public n'en reçoivent pas moins satisfaction. D'ailleurs, ne faisons pas mépris des motifs intéressés. Sans vouloir rabaisser les autres, on peut dire que ces derniers risquent parfois de ne garder ni le sens de la mesure, ni celui de la réalité. C'est le cas, par exemple, lorsque, comme en 1905, les membres d'une société américaine de tempérance n'imaginent rien de meilleur pour leur propagande que de faire sauter à la dynamite cinq restaurants de la ville d'Iola, dans le Kansas.

De tels actes d'intolérance ne peuvent se voir que dans l'association conformiste, qui se voue l'individu tout entier, et dans une société où l'association n'a encore qu'un faible développement. Rien n'est plus propre, au contraire, que l'association aux si nécessaires progrès de l'esprit de tolérance. Lorsqu'en effet elle exprime par des groupements divers tous les modes de notre activité et de notre sensibilité, elle nous oblige à nous respecter mutuellement, à tolérer chez le voisin des divergences de pensée et de sentiment sur les objets qui ne sont pas celui de notre association. Il y a là une préparation on ne peut plus efficace à apporter, dans les discussions de l'objet même qui nous associe, un esprit de tolérance qui tourne au profit commun, en même temps qu'il nous améliore individuellement. Le sentiment utilitaire nous donne cette vertu, encore si rare : elle n'en est pas moins la bienvenue.

Mais tout en amenant ses membres à un degré de moralité qu'ils n'eussent pas atteint dans l'état d'isolement, l'association contient les éléments d'une morale plus complète et plus haute que celle dont se contente la moyenne dans le courant ordinaire de la vie, et qui n'est pas fondée sur l'utilité. Ces éléments sont bien les produits d'une sociabilité agrandie et plus consciente, et nulle autre obligation que le sentiment du bien commun ne les suscite et les développe. Dans la société réduite qu'est une association, les actes d'héroïsme ou d'abnégation sont placés immédiatement sous les regards de tous : ils ont une valeur directe d'exemple on ne peut plus propre à susciter l'émulation dans le sacrifice. Le sacrifice à la chose publique dans l'État n'est ordinairement pas contagieux, sauf dans de grands moments historiques d'exaltation des individus au-dessus d'eux-mêmes. Il est beaucoup plus fréquent qu'on ne peut l'imaginer dans les associations, où il constitue véritablement un état d'esprit civique.

Parmi les dévoués à l'association dont il a été parlé dans un chapitre précédent, et qui sont les ferments incessants de cette moralité supérieure, il ne faut pas seulement compter ceux qu'on appelle les meneurs. Dans une armée en campagne, l'esprit de corps, de coopération, de solidarité, n'anime pas les officiers seulement, mais porte les plus humbles soldats au sacrifice délibéré de leur personne pour le salut du bataillon. Il en est de même dans l'association, où le dévouement à la cause commune fleurit dans les rangs les plus épais et les plus obscurs du groupe. C'est surtout dans les associations ouvrières qu'il m'a été donné d'observer l'abnégation sans éclat, le sacrifice continu et soutenu sans lesquels la vocation des meneurs, fût-elle plus sincère encore et plus désintéressée, ne suffirait pas à expliquer le développement de ces associations, leur force de propagande et de pénétration dans la masse opaque et confuse des malheureux laissés à une misère et à une inculture séculaires.

Dans les syndicats et les comités politiques, dans les coopératives et les sociétés de secours mutuels, il règne une émulation de sacrifice dont je ne puis parler sans une profonde émotion, car elle me rappelle tant et tant de compagnons de ma jeunesse morts à la peine, et dont les noms ont disparu de la mémoire même de ceux qui aujourd'hui ont repris leur tâche et la continuent. Des innombrables héros anonymes qui ont donné leur vie au progrès humain, il en est mort cent fois plus à l'hôpital que sur la barricade. Dans la sociologie, on a fait la part trop grande à la lutte et trop petite à la coopération, ainsi que le démontre Kropotkine dans l'*Entr'aide*. Il en est de même dans l'histoire sociale : on y magnifie trop les individus et on y résume trop sommairement sur quelques noms propres l'immense effort des obscurs artisans du mieux.

Faut-il ajouter que, par son existence même, l'association est un phénomène de moralité, puisqu'elle réunit par une sélection spontanée ceux qui veulent substituer à l'effort égoïste de l'isolé une coopération fondée sur la réciprocité. Elle constitue donc de ce fait un milieu de culture morale dont la valeur est attestée par l'observation. L'alcoolisme n'est certes pas exclu encore des milieux ouvriers où l'on pratique l'association, et il subsiste toujours des sociétés où l'on consomme en « beuveries » le fonds des amendes ; mais il est moins répandu que parmi les isolés. Sans même parler des coopératives ouvrières anglaises qui s'interdisent formellement l'alcool, il est bon de remarquer que, par cela seul que l'association occupe le désœuvrement du travailleur manuel à des actes de sociabilité plus haute que les parties de cabaret, elle fait fonction efficace d'agent moral dans le sens d'une plus grande sobriété et d'une amélioration continue du sentiment de dignité personnelle. Il arrive même aux associations de remonter des courants populaires très forts. Attachées fortement à leur objet et désireuses de supprimer tout ce qui pourrait en distraire les individus qu'elles projettent légitimement de s'incorporer, les associations ouvrières d'Amsterdam n'organiseraient plus aujourd'hui, comme il y a une dizaine d'années, des émeutes pour conserver le jeu traditionnel et barbare de l'anguille. Elles en viennent parfois à affronter les préjugés nationaux les plus puissants et les plus invétérés : tels les syndicats espagnols, qui protestaient récemment contre les courses de taureaux.

V. — L'ASSOCIATION CONTIENT UNE MORALE PRATIQUE UNIVERSELLE

Examinons de plus près la question, et nous allons voir que l'association est éminemment propre au développement progressif de morale pratique qui doit correspondre aux autres progrès humains, sous peine d'aboutir à une lamentable et périlleuse contradiction. Mais précisons d'abord les termes, car, lorsque nous parlons de l'individu et de la société, nous voyons peut-être l'individu, qui est nous-même, mais fort rarement la société, qui est pour la plupart une abstraction. La société n'existe, en effet, en tant qu'être réel et distinct, que par une opération purement logique de notre esprit, qui suscite en nous le besoin de désigner un état général au moyen d'un terme précis. Mais, en réalité, ce terme ne précise qu'une chose imprécise, trop générale pour que nous ayons prise sur elle, ou que nous sentions son action sur nous.

Tout être humain vit bien en société, puisqu'il est un animal sociable et qu'on ne l'a trouvé nulle part à l'état d'isolement absolu. Mais il ne vit pas seulement dans la société ; il vit surtout dans une société. Un boutiquier de la rue Montmartre, un rentier du faubourg Saint-Germain et un ouvrier de Belleville ont chacun leur société. Pour un Boschiman ou un Papou, la société n'a ni le même sens, ni les mêmes fonctions, ni la même étendue que pour un Français ou un Allemand. Pour un Européen ou un Américain, la société est quelque chose d'assez étendu, mais vague ; cependant, sauf s'il est fonctionnaire colonial, il conviendra que l'acte de tuer un homme est criminel sous toutes les latitudes. Pour un sauvage, le droit de tuer s'arrête aux membres de sa tribu ; mais cette limite peut être franchie, puisqu'il lui est permis de tuer ses femmes ou ses enfants, considérés comme des dépendances de sa personne.

Quels sont les deux préceptes moraux théoriquement indiscutables te dont la morale utilitaire en permet guère d'observer que le premier, et si imparfaitement ? Ne pas faire de mal à autrui ni à soi-même ; faire à autrui tout le bien possible. Mais qui est autrui, pour nous civilisés comme pour les plus obscurs sauvages ? Théoriquement, quiconque n'est pas nous-mêmes. Pratiquement, quiconque est notre semblable. Notre morale est donc au plan de notre sociabilité. L'observation de la nature est concluante sous ce rapport ; elle nous présente en effet des phénomènes nombreux d'association entre semblables pour la lutte. Des abeilles et des fourmis aux cristaux eux-mêmes, ces phénomènes nous dévoilent le fondement des lois morales. Quantité d'espèces ne vivent que grâce à l'observation de ces lois par leurs membres ; et l'on peut dire que l'espèce vit réellement en chaque individu, obligé par un impératif fondamental, organique, aux actes qui la préserveront et la conserveront, fût-ce à son propre péril.

La raison étant une rectification de l'instinct, va-t-elle donc abolir en l'individu celui de la sociabilité ? Bien au contraire, puisqu'on la voit, par l'association, tendre à le développer et à le généraliser en l'éclairant, en le transformant en volonté réfléchie et délibérée. Par elle s'installe solidement dans notre esprit la notion de solidarité avec nos semblables. Et plus elle nous a élevés sur l'échelle de la connaissance, plus elle nous a permis d'apercevoir en tout être humain un semblable par quelque côté, ne fût-ce que par la souffrance : nous constatons alors notre solidarité avec les animaux et avec les plantes mêmes, avec l'univers entier.

— Mais, dit l'individu, je suis moi, avant tout et par-dessus tout. Il faut que je me satisfasse ; et si la plante, l'animal, l'homme même, me sont des obstacles, tant pis pour eux. S'ils peuvent être mes moyens, sans réciprocité, tant mieux pour moi. La connaissance de nos rapports de solidarité qui sont, en somme, des rapports d'échange, est purement théorique ; et je puis n'être éclairé sur l'instinct de sociabilité que pour mieux l'exploiter à mon profit chez autrui. La pratique de la vie sociale, et surtout économique, n'est-elle pas un démenti constant aux lois organiques de la sociabilité, tout autant qu'aux enseignements moraux du dogme et de la philosophie rationaliste?

L'association contient la réponse qui convient, puisque seule elle exprime d'une manière pratique toutes les formes de la sociabilité entre semblables. Nulle religion universelle ne pouvant prétendre à recueillir l'adhésion de l'unanimité, seule également l'association en fonction de division du travail peut faire semblables en un ou plusieurs points tous les membres de la société humaine et constituer entre eux un état de sociabilité générale. De même que, nous l'avons constaté, l'association fait passer la lutte du plan individuel au plan collectif, de même elle fait passer l'individu de la sociabilité de catégorie à celle de l'espèce tout entière. Il lui suffit pour cela de passer de l'état particulariste à l'état fédératif, et du conformisme à l'interpénétration de tous ses modes, aucun d'eux n'étant sans prises sur un intérêt ou un sentiment de l'individu. Nous allons voir comment.

Que ses membres soient encore dans l'état d'isolement grégaire ou qu'ils soient réunis par quelques-uns des modes de l'association, la classe ouvrière de Belleville ne communique pas avec les rentiers du faubourg Saint-Germain. Elle sait cependant qu'ils existent, et commence à apprendre que leurs rentes sont faites d'un prélèvement sur le produit de son travail. Pour ce qui est des boutiquiers de la rue Montmartre, l'ouvrier communique avec eux par antagonisme plus direct : eux cherchant à lui vendre au plus cher ce qu'il désire acheter au meilleur marché. Il en est ainsi à toutes les frontières de la classe ouvrière ; elle ne trouve dans les autres classes sociales que des adversaires qui pratiquent contre elle, et l'obligent à la réciproque, l'inexorable lutte pour la vie, dont la moralité est mal contenue dans les étroites limites du Code civil et du Code pénal.

Des phénomènes supérieurs de sociabilité, contenus dans les rapports économiques et sociaux, solidarisent cependant toutes les classes sociales à des degrés divers : la langue, l'éducation, la religion, la patrie, l'industrie, etc. Mais ces liens perdent la force qu'ils eurent autrefois dans des sociétés qui, fondant l'autorité sur la tradition, réprimaient les dissolvants critiques de la raison et qui, contractées sur elles-mêmes, étaient sans cesse en lutte d'État à État. La solidarité économique passe les frontières à présent, entraînant à sa suite la solidarité intellectuelle et morale. L'unité politique réalisée il y a vingt siècles par Rome a donné à l'Occident l'unité religieuse dans le christianisme ; mais la critique de la raison a usé cet imparfait instrument de sociabilité et de moralité générales. Celui que créent les échanges de produits et d'idées est plus solide, mais il est encore limité à la catégorie, aux semblables.

Prenons la catégorie du travail, qui a déjà sa morale,

née d'une sociabilité restreinte, et voyons comment est née cette morale d'une catégorie qui n'était rien hier et qui demain sera tout ; à moins que les rivières ne remontent à leur source, que la terre ne tourne en sens inverse, et autres miracles tout aussi imprévoyables. La tendance du monde du travail à l'association est, d'autre part, tout aussi évidente que la transformation des valeurs sociales par la disparition du type féodal et la prédominance du type productif. Toute société, toute catégorie de société, donc toute association, a ses mœurs ; c'est-à-dire que ses membres ont une certaine manière de se comporter entre eux, d'accorder leur bien propre avec celui de l'ensemble et de protéger le bien commun contre les atteintes extérieures. Cette morale s'impose avec peu de force aux membres de la société, avec plus de force à ceux de la catégorie sociale, et impérieusement aux semblables réunis par l'association. Elle est déjà assez forte dans la catégorie, pour que les plus réfractaires même à toute loi morale y soient astreints : du temps que j'étais en prison, j'ai vu mettre en quarantaine par des voleurs professionnels un détenu qui m'avait filouté une paire de chaussures.

Le monde du travail salarié est une catégorie qui, par les diverses associations tendantes au socialisme : groupe politique, syndicat, coopérative, aspire à l'universalité, à la réalisation de l'unité humaine. Il doit donc contenir dans ses mœurs, dans sa pratique morale, les indications éthiques les plus sûres, si l'on veut accorder la raison et la science et ne pas continuer en cette matière l'œuvre désormais achevée des théologiens et des métaphysiciens.

Par son adhésion au socialisme, le travailleur ne se donne cependant pas une morale; il exprime théoriquement et développe jusqu'à l'universalité son sens moral organique de catégorie, puisqu'il veut incorporer tous les êtres humains dans la catégorie du travail. Et c'est précisément de la science que lui est venue cette lumière qui a éclairé son instinct.

La science, en effet, lui dit que la vie moyenne d'un ouvrier est de moitié plus brève que celle d'un rentier, que le capital se forme de travail non payé et se reproduit par le même moyen, que l'éducation et non l'hérédité donne l'aptitude aux fonctions supérieures du travail, que l'effort combiné de dix individus donne un résultat double ou triple de l'effort accompli par ces dix individus isolément. La nature lui imposait déjà la solidarité entre semblables dans la lutte contre les autres. Le voilà pourvu de tous les éléments de moralité positive, qu'il n'appliquera en fait dans la catégorie que pour réduire les autres catégories à la sienne. Si bien que sa lutte contre les autres classes sociales aura un incontestable caractère de moralité généralisée et supérieure. Quand le socialiste, en effet, proteste contre les lois positives de l'héritage, qui soustraient certains individus à la loi morale du travail ou conservent les catégories aux intérêts antagoniques d'où naît la lutte, il fait acte de moralité supérieure et générale.

VI. — LE DÉVELOPPEMENT INTELLECTUEL

Si l'association est facteur de progrès moral, à plus

forte raison est-elle facteur de progrès intellectuel, et il ne serait pas nécessaire d'insister là-dessus s'il n'était capital de faire observer que le développement intellectuel des associés est en raison inverse du conformisme qui règne dans l'association, donc en raison directe de la réalité d'un statut de liberté, d'égalité et de limitation à l'objet. La valeur morale des associés peut être en raison directe du plus grand conformisme de l'association qui, exigeant de l'individu le don entier de sa personne, constitue un milieu de culture d'héroïsme et d'abnégation. Mais par ce conformisme même, qui comporte toujours obéissance passive et absolue, ces vertus peuvent être employées aux fins les plus pernicieuses. Le corps fermé de l'association peut s'opposer absolument au corps social, manquer ainsi gravement à la sociabilité générale par des actes de violence et de fanatisme, finalement être immoral. Pour développer des vertus moins hautes et moins aiguës, mais davantage rattachées à la sociabilité générale, l'association limitée à son objet a donc en somme une valeur morale plus grande, d'autant plus qu'elle développe davantage parmi ses membres le sens de la liberté, de la dignité et de la responsabilité. La morale d'un fanatique peut vous traîner au bûcher pour sauver fraternellement votre âme dans l'éternité. Lorsqu'elle poursuit le même but, la morale de liberté et de respect mutuel que développe l'association emploie des moyens infiniment plus doux, et qui se gardent de rien demander à la contrainte.

Si l'association permet seule aux travailleurs d'aspirer à la souveraineté économique, ce n'est pas uniquement parce qu'elle constitue une force collective irrésistible, mais surtout parce qu'elle est le terrain de culture intellectuelle faute de laquelle l'emploi de cette force collective ressemblerait plus à une invasion de barbares qu'à l'achèvement du contrat social dans une civilisation élargie et améliorée. Il est certain que la force brutale ou électorale peut donner demain aux ouvriers la souveraineté économique. Mais il est non moins certain qu'ils n'en sauront que faire, s'ils se trouvent dans l'état d'inculture où sont encore à présent la plupart d'entre eux.

Seule une pratique prolongée de l'association, dans celles de ses formes qui leur sont le plus immédiatement utiles, peut les préserver d'une immense déception : ou bien, pour asseoir leur souveraineté, ils seraient contraints d'amputer la civilisation de ses acquisitions esthétiques et de ralentir même le mouvement scientifique dont chaque découverte se traduit par un progrès industriel ; ou bien ils devraient confier à l'État, c'est-à-dire à la catégorie des politiciens devenus fonctionnaires publics, la tâche d'organiser la production et la circulation, ce qui donnerait sensiblement le même résultat, avec cette aggravation que leur actuelle servitude économique serait transformée en servitude politique ; et, pour être démagogique, elle n'en serait que plus étroite et plus dure.

La conduite d'une grande entreprise de production, de circulation ou de répartition exige des connaissances et des qualités que ne possèdera certainement jamais la majorité de ceux qui se promettent la souveraineté économique. Mais s'il n'est pas nécessaire qu'elles soient le lot de la masse, encore faut-il que dans ses éléments agissants, donc dans sa majorité, elle soit éclairée sur la nécessité et sur la valeur de ces fonctions supérieures de la division du travail, pour lesquelles l'élection ne peut pas plus conférer l'aptitude que l'opération du Saint-Esprit.

Or, c'est par l'association que l'ouvrier prend progressivement contact avec le monde économique dont il est un fragment subordonné. C'est par elle qu'il renonce à croire que le travail manuel suffit pour créer tout ce qui l'entoure, et qu'il apprécie la valeur du travail intellectuel. L'ouvrier qui dit en montrant les maisons, les tentures, les meubles, les bijoux, les hardies constructions, les machines compliquées : c'est moi qui crée tout cela, raisonne d'une manière au moins aussi absurde que l'industriel enrichi qui se vante de faire vivre cinq cents ouvriers. L'association situe l'ouvrier plus exactement en lui révélant des rapports dont l'état d'isolement ne lui eût pas même permis de soupçonner l'existence ; et il acquiert graduellement cette notion : que la transformation des monarchies et des oligarchies industrielles en démocratie est infiniment plus délicate et plus complexe que la conquête et l'exercice des droits politiques.

Que de fois ne voit-on pas, aux périodes premières d'association syndicale, et surtout avant la formation du syndicat, des ouvriers se mettre en grève et seconder ainsi le vœu secret de leur employeur, encombré d'un stock de produits invendus, mais qui n'eût pas suspendu la fabrication de peur d'affaiblir son crédit sur la place ! Voilà une première faute qu'un syndicat exercé ne commettra certainement pas ; et il saura éventer les pièges que certains employeurs ne craignent pas de tendre à leur personnel. Que de fois des ouvriers demandent à l'employeur un salaire qu'il ne peut donner sans être en perte et risquer la faillite? Cette faute, un syndicat informé l'évite, par une connaissance précise des conditions dans lesquelles se trouve la branche d'industrie dont il fait partie. L'employeur traverse-t-il une période de prospérité et entend-il garder tout le profit? Le syndicat intervient alors, et il exige que les ouvriers aient leur part.

La valeur intellectuelle des associés, c'est-à-dire l'aptitude à se gouverner collectivement d'une manière éclairée dans la catégorie d'association, est en raison même du développement de l'association. Aussi rien n'est-il plus propre que les fédérations professionnelles et interprofessionnelles à élever progressivement l'associé à des points de vue que, perdu dans la masse confuse, il n'eût pu atteindre. La force collective, ainsi, s'éclaire à mesure qu'elle grandit, et trouve dans le milieu élargi qu'elle crée les individus représentatifs, les agents informés et de volonté agissante, par lesquels elle s'exprime et réagit sur le milieu social. On peut tenir pour certain que l'admirable Anseele, créateur, avec Van Beveren et une trentaine d'autres ouvriers tisserands gantois, du célèbre Vooruit, qui est devenu une puissance coopérative de premier rang, n'eût réussi à rien si, il y a trente ans, un philanthrope quelconque était venu lui apporter trois ou quatre millions pour fonder une coopérative. La capacité d'administration d'Anseele et de ses camarades a grandi à mesure que grandissait leur œuvre, et elle a trouvé des collaborateurs d'autant plus intelligents que leur sélection s'est faite dans une plus grande masse d'adhérents. Une expérience récente de boulangerie coopérative socialiste, fondée par un capitaliste désintéressé et aboutissant peu après à la catastrophe, illustre cette évidence. Et pourtant, à celle-ci, ce ne sont pas les théoriciens qui ont manqué. Il y en avait beaucoup aussi dans les phalanstères et dans l'Icarie qui tentèrent de se réaliser en Amérique.

Les syndicats commencent à comprendre qu'il est de nécessité vitale pour eux de développer la valeur intellectuelle de leurs membres, et c'est déjà savoir quelque chose que de savoir qu'on ignore. Aussi les voit-on multiplier les cours techniques et professionnels dans leurs bourses du travail, dont quelques-unes, celles de Limoges et d'Amiens notamment, sont de véritables universités ouvrières, auxquelles, pour la culture générale de leurs membres, sont jointes des universités populaires. Malgré certaines résistances venues des milieux de conformisme révolutionnaire, ils accueillent à présent les amicales et les syndicats d'instituteurs. Et l'on a vu la Bourse du travail de Perpignan, il y a quelques mois, s'adresser aux pouvoirs publics pour demander l'augmentation du « nombre des instituteurs chargés de donner aux enfants du peuple le minimum d'instruction auquel ils ont droit de par la loi » et l'amélioration des locaux scolaires au point de vue hygiénique.

Il est, croit-on, des valeurs intellectuelles, individualités d'élite, que nulle association ne pourrait encadrer et contenir. L'homme le plus fort, a dit Ibsen, est celui qui est le plus seul. Cela est vrai, certes, et profondément, si l'on s'en tient aux caractères grégaires et conformistes, qui sont de moins en moins ceux de l'association à mesure qu'elle se limite davantage à l'objet. Cela est vrai encore en ce sens qu'un artiste, un poète, un inventeur, un savant, un philosophe, a d'autant moins de semblables qu'il s'élève plus haut. Que tirerait-il d'une association d'individus qui ne lui sont semblables que par leur commune vocation ? Que leur apporterait-il ? Il veut être en rapports directs avec la nature, et ses beautés et ses secrets ; il lui faut être seul, ou ne pas se réaliser dans la mesure de son vaste élan.

Cependant, ils sont ses semblables par plus d'un côté, ces humbles confrères : sa technique, nécessaire en toute branche d'activité, il la tient comme eux de leurs devanciers communs. Et sa recherche isolée ne sera pas pour lui tout seul. Ils en auront leur part, eussent-ils d'abord fait masse opaque et silencieuse pour l'étouffer et l'obscurcir. Surtout en matière scientifique, les collaborations, les emprunts à autrui pour achèvement et perfectionnement sont de plus en plus nécessaires, et il faudrait avoir une conception bien mystique de l'invention pour y voir une création sans concours du milieu dans le temps et dans l'espace.

En quoi ces isolés seront-ils diminués par l'association, même s'ils s'y incorporent, y trouvant toujours des semblables par quelque côté, fût-il simplement professionnel ? Ne sera-t-elle pas enrichie par leur apport, et, si elle le dédaigne, un groupe ne se formera-t-il pas pour le recueillir et en montrer la beauté ou l'utilité? Quand l'Académie des beaux-arts est devenue trop tyrannique, n'a-t-il pas spontanément surgi des associations d'artistes qui ont vengé les novateurs des dédains officiels, et travaillé à l'éducation esthétique d'un public jusque-là enclin à admirer par ordre et sur la foi des autorités? On peut donc dire que l'association, bien loin d'écarter et de décourager le génie, devient un moyen de l'imposer plus rapidement et que, sur ce point encore, elle est un facteur nécessaire du progrès humain.

VII. — LE SOCIALISME N'EST RÉALISABLE QUE PAR L'ASSOCIATION

Lorsque tout individu pourra exprimer et exprimera réellement et au maximum sa personnalité par le moyen d'associations dont chacune d'elles contiendra et servira un des modes divers de son activité physique, mentale et morale, le socialisme sera réalisé dans tout ce que ses aspirations les plus étendues ont de conforme avec la nature de l'homme et des choses. Il sera une socialisation générale des choses en même temps qu'une individualisation générale des hommes, et non l'incorporation de ceux-ci en une association unique et unitaire dont la masse comprimerait d'autant plus leur individualité qu'elle aurait plus d'étendue dans l'espace et plus d'attributions. Et elle aurait toute l'étendue et toutes les attributions, puisque cette masse serait la société tout entière, réalisée en un corps unique et homogène, au moyen de l'État politique et administratif, devenu par surcroît l'État économique, moral et social. Seul le régime de l'association peut épargner à l'espèce humaine cette cristallisation et cette servitude.

Même réduit à la catégorie économique, le socialisme ne peut se réaliser uniquement par une transformation et une adaptation de l'État politique d'aujourd'hui. Et comment pourrait-il être ainsi réduit? Certes, il se donne pour but la satisfaction égale pour chacun des besoins matériels de tous, et c'est par la mise en valeur collective des choses aujourd'hui appropriées individuellement que ce but peut être atteint, c'est-à-dire par l'appropriation sociale des moyens de production et de circulation. Mais une telle transformation des rapports économiques, outre qu'elle ne peut découler uniquement des actuelles transformations du matériel de production, ne s'opérera pas sans déterminer des transformations profondes dans toutes les institutions humaines, étant données la complexité de la vie sociale et l'interdépendance de tous les phénomènes sociaux. C'est avoir de la vie sociale une conception bien étroitement rationaliste et par trop mépriser l'observation et l'expérience que de s'imaginer pouvoir opérer une transformation économique, fût-elle aussi nécessaire logiquement que légitime, si les sentiments et même les préjugés des masses touchant la famille, l'héritage, la propriété, la liberté, la morale, le droit, ne sont pas amenés au même plan d'évolution. Les hommes cherchent leur bien, c'est entendu ; seulement, ils ne le cherchent pas toujours et infailliblement où il est, mais où ils le croient être.

Seule l'association dans ses multiples formes peut amener les individus, tous les individus, à un plan de socialité supérieure propre à faire considérer les transformations économiques comme nécessaires et légitimes. Et, seule, en même temps, elle peut préparer et organiser ces transformations par celles de ses catégories spécialisées dans les fonctions économiques et politiques, c'est-à-dire les rendre possibles. Le syndicat, qui organise les producteurs sur le plan de la socialité, la coopérative qui organise la socialité des consommateurs, sont donc les organes essentiels du socialisme ; le parti socialiste, association politique, ne peut pas prétendre contenir et se subordonner les fonctions essentielles de ces deux modes nécessaires, organiquement créés par la vie sociale elle-même. Il n'est et ne peut être qu'un instrument juridique à leur service, chargé de leur procurer, par l'État, les conditions d'existence et de développement propres à leurs fins. Et lorsqu'il aura conquis l'État et, par lui, socialisé les moyens de production évolués en monopoles capitalistes, sa tâche sera achevée. Il ne pourrait subsister en effet sans se constituer le gérant de l'État propriétaire et décréter ce qu'on a expressivement appelé « la dictature de classe du prolétariat organisé ». Mais cette dictature ne s'exercerait pas sur les improductifs : c'est sur le prolétariat non organisé qu'elle pèserait.

Or, il ne s'agit pas de l'État propriétaire, mais de la société propriétaire ayant l'État pour gérant et l'association économique pour fermière, voire l'individu lorsque l'individu peut se suffire comme producteur.

Mais si la socialisation des moyens de production pouvait s'accomplir sans qu'un décret politique d'expropriation, avec ou sans indemnité, intervînt, cela n'en vaudrait que mieux. Elle s'opérerait ainsi d'une manière moins artificielle, en effet, et par le seul effort combiné des associations économiques et d'une législation favorisant leur développement, tout en contrariant par le fait même les accumulations individuelles de capitaux.

Ces accumulations ont été favorisées surtout, jusqu'ici, tant par l'absence de toute association économique généralisée des producteurs que par la présence au pouvoir politique des représentants conscients ou non du capitalisme. Les combattre par l'association et par la loi, et progressivement les réduire à néant, à mesure que l'association se rend apte à remplir la fonction économique qu'elles assument subsidiairement et à trop grands frais, c'est encore et surtout mettre le socialisme dans le sens de la vie en donnant à son développement organique les conditions et les proportions prises par l'association elle-même. C'est l'aider à surgir des faits eux-mêmes tels qu'ils sont, et non tels qu'on suppose qu'ils seront ; c'est le situer en plein réalisme, et l'éloigner autant de l'utopisme mystique que de l'empirisme conservateur, aussi prompts l'un que l'autre à se réclamer de la science, c'est-à-dire de l'observation et de l'expérience, qu'à dédaigner de s'en servir.

CHAPITRE V

L'ASSOCIATION ET L'ÉTAT

I. — LES LOIS SUSCITENT L'ASSOCIATION

Il est d'hier, et cependant déjà loin de nous, le temps où la puissance publique traitait l'association en suspecte, sinon en rebelle. A présent, l'association est devenue un des modes nécessaires d'expression de la démocratie, et c'est dans les pays où les libertés politiques sont le plus complètes qu'elle s'est le plus développée avec le concours désormais acquis des lois et de l'action publique. Si bien qu'on ne saurait dire, en l'état de pénétration réciproque et de collaboration où nous les voyons arrivés, si ce sont les pouvoirs publics qui soutiennent et développent les associations, ou celles-ci qui s'imposent à ceux-là, au nom des principes de liberté, d'égalité et de réciprocité qui leur sont communs.

Comment les sociétés de secours mutuels, qui ont végété pendant tout le dix-neuvième siècle, ont-elles pu grouper quatre millions d'adhérents en France? Parce qu'une loi leur a donné, il y a huit ans, des avantages considérables. Mais pour qu'elles obtinssent ces avantages du Parlement, il fallait qu'elles fussent considérées comme une force collective assez importante pour attirer l'attention des élus de la démocratie. Si les ouvriers ont obtenu la juridiction prud'homale que les employés du commerce et de l'industrie attendent encore, ce n'est pas que ceux-ci soient plus sensiblement que ceux-là les égaux des employeurs, il s'en faut ! mais parce que l'organisation syndicale ouvrière est plus ancienne, plus exercée et plus nombreuse.

Pour expliquer complètement la faveur des pouvoirs publics envers les sociétés de secours mutuels, il faut ajouter que, parmi les parlementaires, les conservateurs sociaux, et quantité de radicaux politiques le sont, ont vu dans cette faveur les uns le moyen d'enrayer la poussée ouvrière vers le syndicat et vers le socialisme, et les autres le moyen de se dérober à l'organisation par l'État d'un système général d'assurance et d'assistance sociale. Une inspiration semblable a renouvelé d'une manière plus pondérée et plus systématique ce qui s'était fait en faveur des sociétés ouvrières de production au déclin de la République de 1848. Le régime de faveur institué par les décrets de 1888 a bien aidé au développement de ces sociétés, mais ce développement est plus artificiel que réel, et il ne s'est guère produit que dans les catégories professionnelles qui pouvaient profiter des avantages accordés par les décrets de 1888, c'est-à-dire entreprendre des travaux publics, ou faire des fournitures à l'État et aux communes. La banque coopérative, créditée par l'État, en a suscité d'autres catégories, mais en nombre relativement restreint. L'État donnât-il dix milliards aux sociétés ouvrières de production, on en verrait se former par milliers, cela est certain ; mais ce n'est pas ce capital, fût-il décuplé, qui suffirait à donner à leurs membres l'indépendance économique. Le capital est une masse fluide qui s'échappe d'elle-même des mains inexpertes à l'employer.

L'action publique est donc incapable de susciter artificiellement des associations qui dépassent les forces des individus dont elle prétend servir les intérêts. Il faut qu'elles surgissent d'elles-mêmes, à travers tous les obstacles sociaux et juridiques, comme l'incompressible manifestation d'un besoin ou d'un sentiment ressenti par une collectivité. La preuve nous en est fournie d'une manière évidente par le rapide développement des coopératives de consommation. Jusqu'ici, l'unique et très légère faveur qui les mît un peu au-dessus du droit commun en matière commerciale était l'exonération de la patente. Les syndicats de commerçants ayant su, par leurs doléances répétées, intéresser le Parlement à leur sort, les coopératives sont désormais sous le droit commun. Leurs administrateurs s'en sont fort peu émus, la patente leur permettant de vendre désormais au public à boutique ouverte et de faire auprès de lui une plus active et plus directe propagande coopérative. Le retrait de cette mince faveur n'évitera pas plus aux petits commerçants la concurrence des coopératives que la patente multiple imposée aux grands magasins de nouveautés n'empêche ceux-ci d'avoir le dessus dans la lutte contre ceux-là. Bien mieux ! ç'a été le coup de fouet qui stimule les énergies et suscite les initiatives. C'est en effet de ce moment que date la constitution longtemps projetée des magasins de gros auxquels se fourniront les coopératives, enfin entrées dans le régime fédératif.

Par ce trait, on peut supposer que si elle avait eu part aux encouragements et avantages légaux, aux subventions, exemptions et hospitalisations que l'État et les communes ne marchandent point aux associations musicales, sportives, artistiques, scientifiques, d'enseignement, de bienfaisance, voire aux prétendues associations que forment les marchands de vin le 14 juillet pour assoiffer à tous les carrefours la clientèle au son du cornet à piston, les coopératives de consommation compteraient au moins autant d'adhérents que les sociétés de secours mutuels. Mais, répétons-le, il vaut mieux qu'il en soit ainsi ; la coopération est un instrument économique supérieur, au regard des tâches rudimentaires qui incombent à la mutualité. Car il est démontré par l'expérience que celle-ci, en tant qu'institution ouvrière et privée, ne peut s'étendre sans péril au delà du secours de maladie, fonction simple que déjà remplissent les grandes coopératives en y affectant une part de leurs bonis.

II. — CAS DANS LESQUELS L'ASSOCIATION REFUSE LE BÉNÉFICE DES LOIS

L'association ne sert qu'elle-même, c'est-à-dire ses membres, et les services que la société en reçoit sont subsidiaires tout autant que ceux qu'elle reçoit du fabricant quelconque d'un produit utile, dont le but est de se rendre service à lui-même en s'enrichissant.

Aussi les lois peuvent-elles rendre des services directs à l'association, sans que celle-ci, lorsqu'elle agit pour améliorer les lois, ait autre chose en vue que son propre bien. Et cependant l'action spontanée et non concertée des associations, lorsqu'elles sont fondées sur le statut moderne de liberté et d'égalité et pour peu qu'elles soient nombreuses, ne peut qu'être favorable au développement des libertés publiques. Nous avons vu que les associations ne se faisaient pas faute de peser sur les pouvoirs publics pour en obtenir des avantages que le petit nombre de leurs membres leur avait d'abord fait refuser. C'est ainsi que, lorsque la démocratie de la pédale est devenue plus nombreuse, elle a su obtenir du Parlement la réduction de la taxe sur les bicyclettes.

Mais pour que les associations entrent en communication avec les pouvoirs publics, il faut déjà qu'elles aient acquis un certain degré de maturité, même s'il s'agit d'obtenir la reconnaissance légale de leur existence. Seules les associations fortement et sincèrement limitées à leur objet, et qui ne le recouvrent pas d'un objet subsidiaire, savent quel avantage elles peuvent attendre de leur constitution à l'état de personne civile et juridique. Aussi, plus l'association est d'esprit conformiste, plus son objet agrandi lui donne la tentation de se subordonner ou s'incorporer la société tout entière, et plus elle refuse le bénéfice de l'existence légale et préfère recourir à des subterfuges qui y suppléeront, sans lui créer d'obligations limitatives de son ambition. C'est ainsi que nous avons vu, au lendemain de la loi de 1884, les syndicats ouvriers socialistes refuser ce statut légal et les avantages réels qu'il leur conférait. Ils déclaraient que la liberté ne se réglemente ni ne se limite; mais ils n'empruntaient le langage de l'ordinaire métaphysique du libéralisme politique ou économique, que faute de pouvoir dire nettement que, constitués pour renverser l'ordre social, ils ne pouvaient s'astreindre à fonctionner exclusivement comme syndicats professionnels et borner leurs efforts à la défense des intérêts ouvriers.

Tout aussi résolus à conquérir la souveraineté du travail, mais non par des moyens révolutionnaires, et d'autre part plus anciens, plus exercés dans la fonction syndicale et la situant plus exactement dans le vaste ensemble des efforts collectifs, les autres syndicats acceptèrent d'emblée la loi, et elle servit puissamment à développer leur force, déjà grande à cette époque. Les syndicats attardés à la méthode révolutionnaire, emmurés dans leur rêve de conquête universelle au moyen d'un instrument simple et uniforme, étaient d'ailleurs fortifiés dans leur préjugé par l'attitude de la plupart des chefs d'industrie, hostiles à toute organisation syndicale des salariés bien plus qu'aujourd'hui où, faisant de résignation vertu, ils se syndiquent pour résister aux syndicats ouvriers. Les ouvriers, qui subissaient persécution pour cause de syndicat en raison même de l'activité qu'ils y déployaient, pouvaient donc suspecter à bon droit une loi qui demandait que la liste de leurs administrateurs fût déposée à la préfecture; car ils savaient que, dans les régions de grande industrie, les employeurs sont toujours bien avec les autorités, étant eux-mêmes l'autorité dans la localité où est installée leur usine ou leur manufacture. Livrer les noms de leurs délégués au préfet, c'était dans leur esprit livrer les « meneurs » du syndicat à la vindicte du patron. Cette crainte n'était pas absolument chimérique, puisqu'il y a une quinzaine d'années à peine, un haut magistrat de la région du Nord pouvait, dans une note confidentielle divulguée par les journaux, se féliciter que les exploitants des mines eussent été mis à même de pratiquer des « coupes sombres » parmi ceux de leurs ouvriers qui s'étaient le plus activement voués à l'action syndicale.

Il arrive aussi parfois que des syndicats non révolutionnaires, donc nullement conformistes et très étroitement limités à l'objet, refusent de réclamer une législation qui pourrait apporter de sérieux avantages à leurs membres. Ç'a été notamment le cas des unions d'ouvriers mineurs anglais qui, au congrès international de leur profession tenu à Bruxelles en 1893, repoussaient encore, contre l'unanimité de leurs camarades des autres nations, le principe de la responsabilité absolue des employeurs en matière d'accidents professionnels. Leur richesse et leur cohésion corporative leur permettaient-elles d'obtenir au moyen des lois civiles ordinaires les indemnités dues aux victimes d'accident ? Leur prudence bien connue, qui les attarde parfois dans un conservatisme étroit, leur interdisait-elle d'espérer un résultat en agissant auprès du Parlement en faveur d'une réforme qui n'était pas encore mûre ? Toujours est-il qu'ils n'adoptèrent le principe du risque professionnel à la charge permanente de l'employeur qu'en 1897, deux mois avant le vote de la loi anglaise qui consacra ce principe.

Le syndicalisme révolutionnaire français, qui appellerait la classe ouvrière aux barricades si la loi de 1884 était menacée, oppose en ce moment aux améliorations que les commissions parlementaires proposent d'y apporter, notamment par le projet Barthou qui augmente la capacité civile du syndicat, la même hostilité qu'il opposa naguère à la loi de 1884. Si le syndicat possède des immeubles, une caisse, il donne prise à ceux qui voudront agir juridiquement contre lui. Le syndicalisme révolutionnaire repousse cette responsabilité, et en même temps il utilise le droit d'ester en justice, qui permet au syndicat d'obtenir réparation des dommages qui peuvent lui être causés. Est-ce de l'illogisme ? Non, puisque le syndicalisme ne se considère pas comme un cadre social, mais comme un camp dans la société ennemie : en bonne guerre barbare, on ne doit ni foi ni loi à ses ennemis. Il saisit les armes que le droit lui donne, mais n'abandonne pas celles qu'il espère tenir de sa force, en même temps qu'il décline toute responsabilité et maintient intacte toute sa critique, ou plutôt son hostilité envers l'ordre social actuel.

C'est dans le même esprit que les syndicats révolutionnaires distinguent entre les lois ouvrières de protection, car la thèse anarchiste ne peut pas être appliquée par eux dans toute sa rigueur. Ils estiment bien que toute loi est mauvaise, mais ils sont obligés de composer avec les sentiments de la masse, qui trouve dans la législation protectrice des plus faibles un léger réconfort. Tout en affectant de les considérer uniquement comme des capitulations de la bourgeoisie régnante, ils acceptent donc, ou plutôt subissent, la loi sur les bureaux de placement ou sur le repos hebdomadaire, par exemple; et ils crient bien haut que l'énergie ouvrière, par ses manifestation tumultueuses, illégales, a terrorisé les politiciens et leur a arraché ces concessions.

Il ne faut pas contester d'ailleurs le caractère précaire et transitoire des lois de protection ouvrière, qu'il faut bien se garder de confondre avec les lois de liberté organique nécessaires aux diverses catégories d'association, et en particulier aux associations professionnelles, pour régler leurs rapports et leurs conflits avec l'individu et avec la société. Les lois de protection n'ont de raison d'être que par suite de l'infériorité organique de ceux pour lesquels elles sont faites. Que, par l'association professionnelle, disparaisse cette infériorité, et elles n'auront plus aucune raison d'être. Il va de soi qu'on pourrait supprimer les lois d'hygiène des ateliers et de limitation du travail des femmes et des enfants, si les syndicats ouvriers étaient assez forts, — et ils le seront lorsqu'ils incorporeront la majorité des intéressés, — pour imposer aux employeurs le souci de l'hygiène et le respect des faibles. Il est donc certain que ces lois tomberont d'elles-mêmes en caducité, ou ne seront plus appliquées qu'à de rares contrevenants, lorsque les syndicats en seront là. Mais ils n'y sont pas encore.

III. — APPARITION DU DROIT COLLECTIF

Lorsque l'individualisme du chacun pour soi et du tous contre tous se trouve en face du statut légal de certaines associations, il proteste contre les violations de ce qu'il appelle son droit et n'est proprement que son arbitraire. Cette protestation méconnaît la nature des choses, car de l'association doivent surgir nécessairement des rapports juridiques nouveaux, dont l'ensemble constitue ce qu'on appelle le droit collectif. La protestation de l'arbitraire individuel est-elle fondée, c'est-à-dire a-t-elle pour objet d'assurer à chacun et à tous un droit égal, comme se flatte de le faire le code civil ? Le droit collectif, qui se dégage nécessairement de l'existence des collectivités spécialisées que sont les associations, est-il en contradiction fondamentale avec le décret d'individualisme que sanctionne le code civil ? Sans remonter jusqu'aux privilèges corporatifs et de classe qui créaient des obligations correspondantes pour chacun des individus qui composaient une corporation ou faisaient partie d'un ordre privilégié, noblesse ou clergé, on peut voir le droit collectif naître du sein même du droit civil individualiste moderne,

Le droit civil reconnaît en effet et sanctionne les contrats entre particuliers, à la condition expresse que les clauses de ces contrats ne soient en rien contraires aux lois. En vertu de cet axiome que les conventions sont la loi des parties, un contrat d'association oblige donc tous les membres qui l'ont signé : l'association peut ester en justice pour contraindre un ou plusieurs de ses membres à observer le contrat, ou à l'indemniser du dommage que l'inobservation du contrat lui fait subir ; de même, l'associé peut, armé du droit civil individualiste, contraindre judiciairement l'association à respecter le contrat. Sous ce premier aspect, le droit collectif constitué par le contrat entre particuliers apparaît comme un prolongement par multiplication du droit individuel, que bien loin de le supprimer, il supporte et fortifie.

Le droit collectif est longtemps demeuré dans cet état primaire et précaire, que l'esprit, bien plus que les textes, du Code civil individualiste lui interdit encore de dépasser. Nous savons que cet esprit s'inspire d'une défiance invincible à l'égard de toute agrégation d'individus, défiance qui fit proscrire toute association autre que les sociétés de biens pendant la première moitié du siècle dernier. Mais, au cours de ce siècle, les situations individuelles se sont modifiées, les puissances d'association ont surgi, précisément pour soustraire l'individu à son arbitraire individuel et à celui d'autrui, favorisés également par l'individualisme verbal du Code civil.

D'autre part, notamment dans les rapports de travail, la notion du contrat individuel disparaissait à mesure que se constituaient les grands organes de production incorporant des masses d'ouvriers dans les usines, auxquels les disciplines nécessaires du travail imposaient des règlements qu'aucun d'eux n'avait la faculté de délibérer. Les choses en sont venues à un tel point que, nous affirme M. Quillent, président ouvrier du conseil des prud'hommes de Paris, « il arrive très fréquemment que des ouvriers ou des employés ignorent la vraie raison sociale de leur patron ».

Il est certain qu'en un tel état, le droit civil lui-même disparaît, ne peut plus recevoir aucune sanction ; il ne peut réapparaître que sous une nouvelle forme :

par l'établissement du contrat collectif, passé soit entre un employeur et la masse de ses salariés, soit entre tous les employeurs et salariés d'une catégorie industrielle représentés par leurs syndicats respectifs. On ne peut dire qu'en se joignant à ses camarades d'atelier ou, par le syndicat, à tous les membres de sa corporation, l'individu renonce à son droit individuel : d'abord, parce que, sous le régime du prétendu contrat individuel de travail, son droit n'existe pas ; il est sous l'arbitraire du plus fort ; ensuite, parce qu'en passant un contrat collectif il n'abandonne pas plus son droit individuel qu'un rentier n'abandonne le capital qu'il engage dans une affaire productive. Car, et c'est ici un point essentiel, l'individu qui s'engage par un contrat collectif n'engage pas sa personnalité tout entière, mais seulement une partie de sa personnalité et dans des limites fixées précisément par le contrat.

Le voulût-il d'ailleurs, il ne pourrait se replacer dans l'état d'arbitraire individuel qui est l'idéal des métaphysiciens de l'économie politique orthodoxe. Supposons qu'il ait délibérément signé le contrat de travail avec l'usinier qui l'emploie : une grève éclate, il refuse d'y prendre part et veut continuer de travailler. Droit sacré ! s'écrient les théoriciens de la liberté verbale. Mais, dans cette manufacture, dont les cinq cents ouvriers viennent de se mettre en grève, il est seul à vouloir travailler. Croit-il que, pour lui seul, ou pour les sept ou huit ouvriers qui pensent et agissent comme lui, le patron va rallumer les feux et mettre les machines et les métiers en branle ? Que devient alors son droit ? A quel moment renaîtra-t-il ? Est-ce lorsque les huit ou dix seront devenus cinquante, ou cent, ou deux cents ? Son droit, alors, est subordonné à la volonté, ou à l'arbitraire, de ces deux cents, de cette centaine, de cette cinquantaine. Autant dire que son droit ne se réalise que par un accord collectif, que ce soit pour refuser ou pour continuer de travailler.

Il est donc des rapports humains qui ne peuvent plus s'établir directement d'individu à individu ; et nous voyons que c'est le cas des rapports économiques à mesure que leur développement progressif les établit par collectivités et, par des répercussions inconnues dans les régimes de production domestique et artisane, les solidarise de plus en plus étroitement. Par conséquent, il devient de plus en plus nécessaire que ces rapports trouvent leur expression et leurs sanctions juridiques ; or, c'est uniquement dans l'établissement du droit collectif qu'ils peuvent les trouver. Il n'intervient pas, répétons-le, pour supprimer le droit individuel, mais le faire réapparaître, élevé à la seconde puissance. Il n'est donc pas, finalement, en contradiction avec le droit civil institué par la Révolution française, et ne constitue pas un retour au privilège de catégorie qu'elle voulut abolir. Son objet, en effet, est le même que celui que poursuivaient les créateurs du droit civil : assurer à l'individu le plein exercice de ses facultés. Mais, ils ont toujours fixé des limites à ce droit, précisément afin qu'il fût égal pour tous, et ils ont stipulé que quiconque cause un dommage à autrui outrepasse son droit et doit réparation.

Par ces limites nécessaires, le droit civil a reconnu les caractères négatifs de la réciprocité. Il appartenait à l'association d'en faire apparaître les caractères positifs. Ne nuis pas à autrui, ne développe pas ta personnalité aux dépens de la sienne, disait le droit civil à tous les individus sans exception, riches ou pauvres, instruits ou incultes, et présupposés égaux en moyens et en facultés, soit en réalité, soit en puissance. Tout en améliorant, à travers quelles crises et quelles régressions partielles ! la condition des individus les moins pourvus, la transformation de l'industrie au siècle dernier n'en a pas moins accru l'inégalité économique et supprimé de fait pour une majorité croissante d'individus les garanties de réciprocité négative inscrites dans le droit moderne. Parmi les meilleurs et les mieux doués de cette majorité destituée en fait de ses moyens de droit, il en fut qui jouèrent des coudes dans la cohue et parvinrent à reconquérir individuellement leurs moyens de droit. D'autres tendirent au même but par l'association, et ils dotèrent la réciprocité de ses caractères positifs.

Aide ton semblable, fais du développement de sa personnalité un moyen pour le développement de la tienne propre : voilà, en effet, ce que l'association dit à l'individu. Il ne s'agit plus ici de l'abstrait « quiconque » à qui le droit civil assigne théoriquement des limites, et qui est lié à l'universalité des « quiconques » par un pacte de réciprocité négative. Il s'agit de semblables, d'égaux, d'autant plus égaux et semblables qu'ils ne sont pas « quiconque », mais des individus définis. Classés par la nature de leur travail, par leur situation sociale, par leurs idées, par leurs sentiments, en catégories définies et limitées, ils passent au moyen de l'association un contrat de réciprocité d'autant plus positive qu'il est limité à l'objet qui les fait semblables et égaux. Il doit donc s'établir entre eux des rapports de droit qui reconnaissent et fassent reconnaître par autrui ces rapports de fait. Ces rapports nouveaux étant collectifs, le droit qui les exprimera ne peut donc être qu'un droit collectif.

De ce qu'il n'existe pas de droit sans obligations, va-t-on conclure que les obligations créées par le droit collectif à l'individu s'opposent à son droit individuel, étant donné surtout qu'il existe certains modes d'association auxquels l'individu ne peut se soustraire? Non, puisqu'en dehors de ces associations, ainsi que nous l'avons vu au commencement de ce travail, l'individu n'aurait qu'un droit formel et non réel, en tout cas précaire, en oscillation perpétuelle entre son propre arbitraire et l'arbitraire d'autrui. S'il lui plaît de demeurer dans cet état, qu'il y demeure à ses risques et périls, comme l'aubergiste au bord d'une route abandonnée des voyageurs lorsqu'un chemin de fer leur permet de passer plus rapidement et plus économiquement à quelques kilomètres de là. Si cet isolé est faible, il subira la peine de son isolement, et ce n'est pas les théoriciens de son droit individuel qui lui donneront les moyens de le réaliser ; s'il est vigoureux, la ruse et la chance aidant, il conquerra les moyens de son droit. Et, devenu actionnaire, il retrouvera en face de lui le droit collectif. Comme le fait, en effet, remarquer Emmanuel Lévy, un des théoriciens les plus autorisés du droit collectif, « les contrats passés en Bourse créent et suppriment les droits de ceux qui n'ont pas contracté ». Par le jeu des marchés à terme, « le droit de chaque porteur du même papier grandit, diminue, disparaît sans qu'il fasse ni qu'il sache rien ».

Quant à l'individu incorporé dans l'association, puisqu'elle est fondée sur un statut de liberté et d'égalité, puisqu'il n'est d'association réelle que celle qui se limite à son objet, il va de soi que les obligations que cet objet lui impose, bien loin de s'opposer à son droit individuel, en sont les conditions nécessaires. Elles en sont les garanties au même titre que les lois qui répriment le vol sont les garanties de la propriété individuelle, ces obligations ne pouvant avoir d'autre but que de sanctionner le droit de chacun des membres de l'association. Prétendre le contraire serait protester contre l'arrestation du voleur au nom du droit individuel des volés.

L'association de catégorie peut donc posséder un droit collectif dont l'étendue a pour limites celles de son objet lui-même, et en l'absence de toute autre personne collective stipuler valablement pour tous ses ressortissants, incorporés ou non. Ce n'est pas, en effet, parce que ceux-ci ignorent leur droit ou le dédaignent, qu'ils doivent être destitués de tout droit, le droit individuel du Code civil n'étant plus applicable à des individus dont l'ensemble catégorique forme des corps nouveaux. Ces corps ont une existence réelle et une importance sociale croissante qui en font des personnes juridiques particulières, et il n'y a pas plus d'injustice à placer tous les individus appartenant à la catégorie dont ces corps sont la représentation sous l'empire du droit collectif qu'il n'y en a, en matière de législation sociale, à assujettir toute la catégorie patronale à la responsabilité en matière d'accidents, ou les catégories patronale et ouvrière au versement obligatoire pour la retraite ouvrière.

IV. — COLLABORATION AVEC LA PUISSANCE PUBLIQUE

Que devient alors l'État, qui, de tout temps, et aujourd'hui plus que jamais, a prétendu être seul à posséder un droit collectif et constituer une personne juridique qui oblige tout le monde sans distinction ? Va-t-il, par ces délégations de sa souveraineté, s'émietter et disparaître ? Avant de répondre directement à cette question, il est nécessaire de remarquer que les caractères de service public de l'État démocratique moderne se développent, en effaçant ceux de souveraineté d'une classe sociale sur les autres, à mesure qu'il s'achève et qu'il tend à multiplier ses fonctions utiles nouvelles sur une telle étendue qu'il ne peut désormais y suffire par ses propres forces. Le peuple des contribuables moyens, les seuls qui puissent estimer approximativement les sommes qu'ils abandonnent à l'impôt, récriminent contre le nombre croissant des fonctionnaires publics, le personnel des administrations d'autorité se doublant et se triplant d'un personnel toujours plus nombreux, attaché aux services nouveaux.

On accuse communément de cette inflation administrative le régime démocratique, qui crée des fonctions pour récompenser l'activité électorale de ses plus actifs partisans. Il y a un peu de vrai dans cette accusation ; mais, chose amusante ! c'est précisément cette classe moyenne, aux récriminations si âpres devant la feuille du percepteur, qui se rue aux fonctions administratives. Quand la culture technique et professionnelle aura remplacé la culture exclusivement littéraire et d'ornement dans nos écoles secondaires, il y aura peut-être quelque chose de changé sous ce rapport.

L'association, en attendant, assiste les administrations publiques dans un certain nombre de tâches pour lesquelles elle ne demande aucune rémunération, et elle soulage ainsi le budget national d'une manière très sensible, quoique inaperçue. Il s'établit, entre l'État et les communes d'une part, et les associations d'autre part, des rapports de collaboration qui ne ressemblent que de loin à ceux qui existaient dans la société féodale et monarchique entre les corps privilégiés et la puissance publique. Nous avons vu au chapitre premier quels étaient ces rapports. Si puissante que serait aujourd'hui une association et si grande son utilité, il ne viendrait plus à l'État la pensée de lui abandonner des pouvoirs de souveraineté analogues à ceux que les rois de France accordaient à la Compagnie des Indes, par exemple. C'est déjà trop, dans cet ordre, que des concessions de territoires à des sociétés d'exploitation coloniales donnent à celles-ci sur les indigènes du Congo, par exemple, une souveraineté de fait, si peu contrôlée et si insuffisamment contre-balancée par la présence, parfois complice, trop souvent complaisante, des agents de l'État.

La part de collaboration prise par les associations aux services publics de l'État et des communes va en s'accroissant à mesure que se développent parallèlement l'esprit d'association et l'esprit démocratique. Dans l'ordre municipal, nous avons eu de tout temps ces personnes civiles collectives que sont les administrations des hospices et des bureaux de bienfaisance, héritières laïques de la fonction d'assistance assumée jadis par le clergé séculier et les ordres religieux. Il en est de même d'institutions nouvelles, créées par des associations, soit pour assurer aux indigents des secours médicaux et pharmaceutiques dans les dispensaires, soit pour la garde des enfants en bas âge dans les crèches. Le caractère de service public est si bien reconnu par les municipalités aux fonctions remplies par ces associations privées, que le budget de celles-ci se complète ordinairement par la subvention municipale.

Il arrive même que des associations privées créent des services publics dont l'utilité est si évidente, qu'ils échappent à ces associations pour entrer dans le cercle des attributions municipales. C'est le cas pour les classes de garde, si nécessaires dans les grandes villes pour préserver du vagabondage les écoliers dont les parents travaillent hors de chez eux toute la journée. Les caisses des écoles parisiennes, qui sont des associations au sens plein du mot, ont institué ces classes il y a quelques années, et leur existence, plus que leur absence antérieure, en a si bien démontré la nécessité, que la Ville de Paris a récemment incorporé ce service aux siens. Mais ce n'est pas là une tendance générale ; on voit plutôt se développer, dans l'ordre municipal et pour la catégorie de l'enseignement, le rôle collectif de l'initiative privée en collaboration avec les pouvoirs publics. Les délégations cantonales, élues par les instituteurs du ressort académique, ne forment pas des associations proprement dites ; mais elles sont des corps constitués choisis parmi les pères de famille par les membres de la catégorie enseignante, qui constitue non seulement une association de fait, mais encore depuis quelques années, par les amicales, une fédération d'associations de droit.

Il est certain que ces fonctionnaires élus, non rémunérés, sinon d'un bout de ruban violet au bout de quelques années de services, par leur organisation propre et par les congrès où ils se réunissent pour se renseigner mutuellement sur les meilleurs moyens d'aménager les locaux scolaires et d'en améliorer les conditions hygiéniques, forment des associations de fait autant que des corps constitués. Quand se développeront chez nous comme à l'étranger des associations de pères de famille, comme celles que déjà nos universités de province essaient heureusement de susciter, il est à prévoir qu'elles remplaceront les délégations cantonales élues par les instituteurs et les commissions scolaires nommées par les municipalités, sans qu'il en coûte une aune de ruban violet de plus au budget.

La collaboration des associations aux fonctions de l'État n'est pas moins active ni moins étendue que sur le terrain municipal. Les chambres de commerce, les syndicats ouvriers et patronaux collaborent d'une manière permanente avec les pouvoirs publics, soit pour la confection des lois, soit pour en assurer l'exécution. Dans cet ordre, pour être purement consultatif et officieux, leur rôle n'en est pas moins important. L'institution des conseils supérieurs de catégorie ou techniques, que le régime moderne a fort heureusement développée, fournit aux législateurs et aux administrateurs publics une collaboration nécessaire, précieuse, par les renseignements, les statistiques et les avis qu'ils leur communiquent. En matière législative, ils corrigent quelque peu l'incompétence universelle des élus d'un suffrage universel inorganique. En matière administrative, ils éclairent et facilitent l'application des lois. La diversité et même l'antagonisme des intérêts que représentent respectivement ces corps divers, et qui se retrouvent même dans quelques-uns d'entre eux, tel le Conseil supérieur du travail élu par les syndicats patronaux et ouvriers, constituent pour l'intérêt public la meilleure des garanties. On s'associe contre tout le monde, disait Proudhon. Cela est vrai, mais lorsque tous les intérêts sont représentés par des associations, tout le monde est associé contre tout le monde, et un équilibre d'équité relative s'établit.

La puissance publique a si bien ressenti son incapacité à remplir seule toutes les fonctions socialement utiles, qu'à l'époque même où elle était le plus hostile à l'association, elle a établi un statut spécial en faveur des associations qui poursuivraient un objet d'intérêt général ; par la reconnaissance d'utilité publique, elle donne à certaines associations une personnalité civile étendue et perpétuelle qui fait d'elles de véritables corps constitués. Parmi ces corps, il en est même qui reçoivent des pouvoirs de police, limités dans la catégorie, qui font bien d'eux des annexes de la puissance publique : telle, par exemple, la Société protectrice des animaux, dont les membres ont pouvoir de verbaliser lorsqu'ils se trouvent en présence d'une infraction à la loi Grammont. En même temps, nous nous trouvons encore en face de vestiges féodaux confiant à des particuliers une part de la puissance publique : telle l'institution des gardes particuliers assermentés. Tant il est vrai que nous ne pouvons aller vers l'avenir sans traîner derrière nous quelque débris du passé.

Il y a quelques années, les syndicats ouvriers ont été invités par Millerand, alors ministre, à collaborer avec les inspecteurs du travail, à veiller avec eux sur l'exécution des lois protectrices. Cette collaboration a donné les meilleurs résultats, et nous voyons aujourd'hui les syndicalistes révolutionnaires eux-mêmes incorporer à leur méthode d' « action directe » la surveillance des infractions à la législation du travail. Leur organe, la *Voix du Peuple*, dans son numéro du 12 août 1906, c'est-à-dire à la veille de l'application de la loi sur le repos hebdomadaire, dictait en termes formels leur devoir aux ouvriers syndiqués : « Mais la loi votée, ce ne sera encore que par l'action syndicale qu'elle sera appliquée ; ce sera sous la surveillance étroite des ouvriers organisés qu'elle sera observée, respectée ». Depuis plusieurs années, les unions ouvrières australiennes pratiquent cette surveillance ; leur *anti-sweating league* y emploie leurs membres en chômage. On comprend l'intérêt tout particulier que ceux-ci prennent à leur tâche ; aussi est-elle accomplie en conscience.

Mais tous nos syndicalistes révolutionnaires n'en sont pas encore là. Pendant longtemps, ils n'ont toléré, avec les pouvoirs publics, que des rapports sans réciprocité. Leurs groupes acceptaient d'être logés dans les Bourses du travail et subventionnés par les municipalités, mais n'accordaient rien en retour, pas même des renseignements statistiques à l'Office du travail. A plus forte raison au lendemain de scandales où la Bourse du travail de Paris était apparue au public comme une succursale de la Cour des Miracles : les syndicats-squelettes, anarchistes, en ayant éliminé les syndicats spécifiquement ouvriers ou les ayant terrorisés, refusèrent le règlement que voulait leur imposer la municipalité parisienne.

Ce fut d'ailleurs pour eux une crise salutaire. Les syndicats révolutionnaires quittèrent la Bourse du travail et fondèrent par souscription syndicale la Maison des fédérations, afin de « prouver que les organisations syndicales ont assez de ressort et de vitalité pour se libérer des tutelles qu'elles subissent à contrecœur ». Dans la *Voix du Peuple* du 25 février 1906, ils affirmèrent hautement que leur doctrine les obligeait à plus de dignité. « L'action syndicale, disaient-ils, malgré le pacifisme dont trop de camarades tentent de la parer, a pour but essentiel, non d'accommoder, mais de nuire (*sic*), de paralyser, d'obstruer le fonctionnement inhumain de l'état de choses existant. Il paraît donc difficile de proclamer bien haut ces principes, tout en espérant convaincre le Pouvoir de l'intérêt qu'il y a pour lui à subventionner cette œuvre. » Évidemment. Mais on a vu que les nécessités mêmes de la vie, — et c'en est une pour le syndicat de faire fonction de syndicat, s'il veut éviter la désertion de ses membres, — ont été plus fortes que les théories. Aussi, au cri des théoriciens non ouvriers du syndicalisme révolutionnaire, poussé dans l'*Avant-Garde* du 4 mars : « A bas la République ! » tous les syndicats, révolutionnaires ou non, ont répondu en août, et depuis, par des manifestations publiques en faveur de la loi du repos hebdomadaire.

V. — L'ASSOCIATION ET L'INTÉRÊT PUBLIC

Nulle association, son objet fût-il le plus élevé et le plus moral, ne collabore avec la puissance publique, État ou commune, dans un but désintéressé, et elle ne lui rend des services que pour en recevoir de plus grands en échange. Une association de bienfaisance souhaiterait plutôt la multiplication des indigents que leur disparition. Un État bien organisé, au contraire, tend à supprimer l'indigence. Une fédération sportive demanderait volontiers que les routes fussent interdites au voiturage et servissent exclusivement de piste à ses membres. Et ainsi de suite.

Qu'elles collaborent ou non avec lui, d'ailleurs, les associations utilisent de leur mieux la puissance publique pour leurs fins particulières, et l'État ne favorise pas celles qui rendent les plus grands services à la société, mais les plus nombreuses et les plus agissantes. Peu importent l'équilibre du budget et la santé publique aux associations agricoles qui luttent pour le maintien du privilège des bouilleurs de cru ; ce sont également d'autres soucis que ceux-là qui émeuvent leurs adversaires groupés dans les syndicats du commerce des liquides. Placé entre ces deux grandes catégories d'intérêts, dont l'une, en l'occurrence, agit dans le sens de l'intérêt public, que fait l'État, c'est-à-dire le Parlement souverain ? Il compte les électeurs de l'une et de l'autre catégorie, et, démagogue plus que démocrate, il se prononce pour les gros bataillons des bouilleurs de cru, et leur sacrifie l'intérêt public.

A chaque fin de législature, on voit les députés mettre ainsi le budget au pillage pour en faire largesse aux catégories organisées de citoyens qui peuvent assurer leur réélection ou menacent de la compromettre. Car le peuple est un souverain singulièrement désarmé contre tous ceux qui, individus ou collectivités, veulent faire leurs prises sur lui. Tel Ugolin dévorant ses enfants pour leur conserver un père, les représentants du peuple le trahissent afin de pouvoir continuer à le représenter. C'est le vice organique des démocraties, dénoncé il y a plus de deux mille ans par l'ironie ailée d'Aristophane. On sait quel développement il a pris aux États-Unis, où des politiciens coalisés, véritables associations de malfaiteurs du genre de Tammany Hall, voué à l'exploitation administrative de New-York, sous le couvert de la politique, en viennent à écarter des affaires publiques les honnêtes gens soucieux de leur bon renom. Si nos politiciens français n'en sont pas encore là, c'est parce que la démocratie n'est pas encore aussi développée ici que sur l'autre rive de l'Atlantique.

Quelques socialistes encore attardés aux formules du matérialisme historique croient que ces vices tiennent uniquement au régime capitaliste de la production, et qu'il suffira de socialiser la propriété pour les faire disparaître, ainsi que l'alcoolisme, le vol, la paresse, la prostitution et l'ignorance. C'est voir trop sommairement les choses, et, en cas de victoire, se préparer de trop cruelles déconvenues. Certes, l'exploitation de l'homme par l'homme, et l'inégalité sociale qui en est à la fois la cause et l'effet, entretiennent ces vices et ces imperfections. Mais c'est folie de croire qu'il suffira aux socialistes de mettre la main sur les richesses et les pouvoirs publics, pour changer tout ce mal en bien. Les politiciens qui exploitent l'Amérique ne sont pas des capitalistes. Et n'y eût-il plus un seul capitaliste dans ce pays, le public serait tout aussi volé par eux, s'il ne modifiait en même temps, et profondément, ses mœurs et ses institutions. Il suffit que la société, si égalitaire soit-elle au point de vue économique et social, soit coupée en gouvernants et en gouvernés pour que tout le mal inhérent aux démocraties apparaisse, par coalition d'une partie du public contre les intérêts de la masse inorganisée. Qu'est-ce qu'un syndicat d'hôteliers comme celui dont il a été parlé plus haut, au regard de la population de Marseille, qui compte plusieurs dizaines de milliers d'électeurs ? Au scrutin, et tous bulletins mêlés, une goutte d'eau dans le vieux port, autant dire rien. Dans la préparation du scrutin, c'est un coin aigu qui entre dans la masse et va droit à son but, sans rencontrer d'obstacle.

M. Paul Leroy-Beaulieu a eu grand'raison de dire, dans l'*Économiste français* du 11 novembre 1905, que « l'un des traits les plus frappants de l'État moderne, et l'un de ses très grands périls, c'est qu'il ne s'y trouve aucun organe vigoureux pour représenter les intérêts généraux et permanents de la nation », et d'ajouter que « les élections assurent, dans les conditions habituelles du moins, la prépondérance aux intérêts particuliers groupés et coalisés ». Il en sera ainsi tant qu'il y aura inégalité d'association entre les diverses catégories d'intérêts. Dans le pillage du budget des fins de législature, que se passe-t-il en effet ? Que telles catégories de modestes fonctionnaires obtiennent du Parlement un relèvement, d'ailleurs justifié, de traitements insuffisants ; tandis que d'autres, à côté d'eux, n'obtiennent rien, bien qu'ils soient tout aussi intéressants. Pourquoi ? Parce que les premiers se sont groupés, organisés, syndiqués, tandis que les autres restaient dans la masse amorphe et inerte. Voilà tout le secret de cette inégalité. On ne donne pas à ceux qui ont droit et parce qu'ils ont droit, mais à ceux qui ajoutent à leur droit une force qui peut être un appui ou une menace.

Est-ce à dire que si tous les fonctionnaires étaient également syndiqués, le mal disparaîtrait ? Non. Comme M. Paul Leroy-Beaulieu en exprime la crainte dans un autre article, ou aboutirait plutôt « à cette situation paradoxale que l'État serait mis au service des fonctionnaires contre la nation ». Il faut donc que la nation sorte elle-même de son état grégaire. Or l'expérience démontre que les partis politiques se gardent bien de l'en tirer ; ils sont par tradition si fortement imbus de conformisme social — et c'est un des impedimenta les plus lourds de la période de transformation active que nous traversons — qu'ils ne songent qu'à une chose : conquérir ou garder le pouvoir dans un incessant combat contre ceux qui le détiennent ou le convoitent. Et le public, son administration, ses intérêts, sont l'enjeu de cette conquête. Car les uns et les autres, conservateurs ou révolutionnaires, en dépit des phrases d'affiches électorales et de discours ministériels, sont en fonction de prétendants ou de souverains collectifs qui alimentent leur guerre civile sur le même fonds, et arment pour leur cause ceux-là mêmes qu'ils veulent gouverner.

Le mal ne peut donc trouver son remède que dans une transformation de la démocratie entrant en activité réelle et modifiant sinon la notion de puissance publique, du moins le mode selon lequel elle fonctionne. L'association est l'agent essentiel, sinon unique de cette transformation, que nous pouvons voir s'opérer insensiblement sous nos yeux pour peu que nous sachions observer. Pour y voir tout à fait clair, supposons un instant achevé le mouvement d'association qui est la caractéristique du moment présent. Supposons qu'il n'existe plus dans la société qu'une minorité d'attardés dans l'isolement grégaire et quelques hautains solitaires, en dehors des multiples cercles d'association et de fédération inscrits les uns dans les autres. Supposons enfin le fédéralisme social réalisé si complètement, que nul geste, nul sentiment, nul besoin individuel ne soit exprimé que grâce à la puissance d'association ; étant toujours entendu que nul individu n'exprime ses gestes, ses sentiments, ses besoins par une association unique, mais par autant d'associations qu'il existe de modes d'activité humaine. N'est-il pas manifeste que l'État, alors, ne pourrait être autre chose que l'expression fédérative, arbitrale, supérieure, totalisée, de ce système général d'associations fédérées, opposées, contractant mutuellement, c'est-à-dire en incessant contact, et en communication et pénétration non moins incessantes? Sinon, il serait quelque chose d'extérieur et de supérieur à la société, et conséquemment deviendrait un rouage inutile ou un ennemi public. Il doit être cela, aussi certainement que notre être physique est un total d'associations cellulaires sous la loi de notre organisme plus ou moins parfait et un total d'associations d'idées sous la loi de notre faculté organique de délibération plus ou moins éclairée, et que cet être physique et mental constitue notre individualité agissante et pensante.

Si le mouvement des individus vers l'association de liberté et d'égalité, vouée strictement à son objet, si le mouvement des associations vers une fédération de catégorie qui tend à atteindre ses limites et à ne pas s'arrêter qu'elle ne les ait atteintes, sont bien des phénomènes visibles, et incontestables en dépit de leur désordre apparent et de multiples survivances de conformisme, est-il possible d'observer dans l'État démocratique actuel une évolution qui permette d'augurer qu'il s'adaptera au système d'association généralisée ?

C'est ici le moment de rappeler au lecteur que l'État démocratique se considère, et à juste titre, comme le représentant d'une société politique basée sur le contrat, le suffrage universel étant l'instrument de ce contrat. Comme tel, sa principale et même son unique fonction est d'assurer la sécurité publique en arbitrant les différends entre les citoyens, en les protégeant dans leurs personnes et dans leurs biens contre toute agression du dedans ou du dehors.

Dans cette fonction principale, il ne se distingue pas essentiellement de l'État d'ancien régime, ni de celui que gouvernait Sésostris ou que gouverne n'importe quel tzar ou sultan, sinon en ceci : que le souverain qui lui donne sa règle et le met en mouvement, c'est le citoyen tout-le-monde, qui peut d'ailleurs théoriquement ériger en loi son arbitraire volonté collective avec la même autorité qu'un pharaon, un tzar ou un sultan. Théoriquement, le souverain est absolu, qu'il soit individuel ou collectif ; mais, pratiquement, la coutume et l'opinion publique, celle-ci enchaînée parfois à celle-là, sont les régulateurs et les points-limites de cet absolutisme, que dépassent seuls les souverains déséquilibrés, Héliogabale ou les démagogues, et généralement à leur dam final et à celui de l'ordre social qui les a supportés.

Si l'individu ni la société et ses organes n'étaient susceptibles de progrès résultant d'une plus exacte notion des choses et de leurs rapports, et c'est ce qu'affirme la thèse conservatrice fondée sur la déchéance originelle, l'humanité serait condamnée à osciller perpétuellement d'un pôle à l'autre de la tyrannie : autocratie, démagogie. Voir sous cet angle pessimiste les faits sociaux, c'est fermer les yeux au développement continu de liberté, de délibération, d'autonomie de la personne humaine. C'est ce que font certains esprits qui, n'apercevant dans la Réforme du XVIe siècle et la Révolution du XVIIIe que désordres et violences, tiennent ces crises de croissance de la civilisation pour des révoltes contre l'ordre éternel.

VI. — L'ASSOCIATION, AGENT DE TRANSFORMATION DE L'ÉTAT

Mais si, en démocratie, le pouvoir du souverain est absolu, il s'en faut que, pratiquement, l'absolutisme puisse exister. La démocratie serait impossible dans une société dont chacun des membres aurait une âme d'esclave ou de tyran. Étant un phénomène de volonté et d'efforts collectifs dans l'ordre politique, la démocratie ne se réalise donc que lorsque la société compte déjà un assez grand nombre d'individus qui ne peuvent plus être sujets et veulent être citoyens. Aussi, pour éviter que le système administratif, fortement hiérarchisé et centralisé, devienne un moyen d'oppression, voyons-nous l'idéal démocratique s'exprimer en fédéralisme, c'est-à-dire par le groupement d'unités politiques de population relativement restreinte, auxquelles il est laissé toute l'autonomie compatible avec l'existence fédérative. Le referendum, qui appelle chaque citoyen à délibérer les lois, c'est-à-dire à accomplir l'acte de souveraineté le plus réel et le plus significatif, complète cet idéal démocratique qui fait de chaque citoyen son propre souverain. Comme, en légiférant pour son voisin, il légifère pour lui-même, la loi est bien l'expression du sentiment commun. S'il s'est trompé, si la loi le tyrannise, il n'a pas besoin de faire une révolution pour s'en libérer : il lui suffit de l'abroger.

Dans les grands États centralisés tel que le nôtre, et qui portent la charge d'une longue tradition d'autorité autant qu'ils sont légers d'expérience démocratique, la démocratie s'exprime par délégation. Il se conçoit que les hommes à qui elle confie cette énorme puissance collective se hâtent peu de modifier un système d'autorité publique qui leur permet de gouverner, sans compétence spéciale et sans grand effort, plusieurs dizaines de millions d'êtres humains.

Le pouvoir de ces délégués du souverain n'est cependant point de tout repos comme le fut celui des souverains de droit divin. Le droit humain dont ils se réclament est tenu à chaque instant de se vérifier, de se prouver, c'est-à-dire de se soumettre à sa propre critique bien plus encore qu'à celle de ses adversaires. Sa qualité et sa situation inspirent d'autre part au souverain collectif des exigences qui compliquent singulièrement les tâches de gouvernement, et le souverain trouve toujours de nombreux interprètes de ses vouloirs et même de ses caprices. Quelle plus légitime exigence, d'ailleurs, que celle qui le porte à réclamer le moyen essentiel d'exercer sa souveraineté, c'est-à-dire l'instruction largement donnée à tous ! Un souverain en loques, et qui attend sa subsistance du bon plaisir des riches, ne se conçoit pas plus qu'un souverain ignorant. Il exige donc avec raison que l'État, son instrument de souveraineté après tout, aménage sa place au banquet de la vie.

Mais l'État, avec ses fonctionnaires, est aussi embarrassé que la démocratie avec ses délégués. Pour remplir ces tâches nouvelles, assumer des fonctions qu'il ignora aux temps passés, il lui faut se créer de nouveaux organes et acquérir une compétence plus étendue. Car la démocratie exprime des désirs, mais n'indique que confusément et sommairement les moyens de les satisfaire. C'est alors qu'interviennent tout naturellement et de par leur existence même les catégories organisées, les associations, et que s'établissent entre elles et l'État les rapports de collaboration dont il a été parlé plus haut. En même temps que l'État a assumé de nouvelles fonctions, sa fonction primitive de sécurité publique s'est elle-même épurée et simplifiée. Il a renoncé successivement aux pouvoirs de police et d'autorité qui étaient bien moins des services publics que les garanties juridiques du privilège de fait dont les classes dirigeantes étaient les bénéficiaires. Ainsi ont été rayées progressivement du code les lois qui limitaient la liberté de penser et de s'exprimer, de se réunir et de s'associer, ces libertés apparaissant avec raison au peuple souverain comme les moyens nécessaires de sa souveraineté.

La notion de contrat politique est alors apparue pleinement à tous les esprits, et l'État a dû se dépouiller de tout ce qui faisait de lui l'instrument d'une souveraineté supérieure et extérieure à la nation. En conséquence, il a dû restituer à l'individu tout ce que le souverain de jadis lui avait pris, beaucoup plus pour sa sécurité propre et celle des autres fonctionnaires de l'État que pour la sécurité publique. C'est ainsi qu'un sujet russe, par exemple, qui n'a pas signé de contrat avec son souverain et envers qui son souverain n'est pas davantage engagé, ne peut renoncer à sa nationalité, ni même prolonger son séjour à l'étranger, sans l'agrément de son souverain, à peine de confiscation de ses biens. Le citoyen français, comme le citoyen de tous les États occidentaux où se développent la notion démocratique de l'État et celle du contrat, peut rompre le contrat politique et changer de nationalité à son gré.

L'État n'est plus l'instrument d'une souveraineté extérieure, et l'histoire du meunier de Sans-Souci, si rare sous la monarchie prussienne du XVIIIe siècle qu'elle en fut exemplaire, est aujourd'hui, théoriquement tout au moins, celle de tous les rapports de l'individu et de l'État, dont chacun des services publics tend à devenir une personne juridique tenue d'inscrire ses responsabilités en regard de ses droits. Et ces responsabilités deviennent effectives ; elles s'attachent même à la personne du fonctionnaire et l'obligent judiciairement, surtout lorsque le droit de l'individu est représenté par l'association, c'est-à-dire par une puissance collective qui peut agir sur l'opinion, l'émouvoir et décider le souverain collectif à ne pas souffrir qu'un de ses membres soit lésé par l'exercice abusif ou maladroit de la souveraineté ou de l'administration publique. Si le programme démocratique demande avec justice que le pouvoir judiciaire soit rendu réellement indépendant du pouvoir politique et administratif, c'est-à-dire de l'État dans sa représentation personnelle et matérielle, c'est afin que le juge ne connaisse plus désormais d'autre règle que la loi et n'obéisse à aucun autre impératif que l'équité. L'élection des juges demandée par ce programme, pour être une affirmation directe de la souveraineté du peuple, n'en procède pas moins du même désir d'équité, c'est-à-dire de justice égale, le peuple étant censé ne vouloir favoriser tels justiciables aux dépens de tels autres.

Mais le peuple, en tant que souverain collectif, est une entité. Et il se réalise en chacun de ses membres non comme souverain, mais comme contribuable, comme justiciable et comme débiteur de son sang même pour la défense de la patrie commune. Le vrai souverain, en exercice de souveraineté et de commandement, ce n'est pas lui, mais ceux qu'il a délégués au pouvoir et leurs partisans, et qui se sont imposés à lui beaucoup plus qu'il ne les a délibérément choisis. C'est eux qui le taxeront et le jugeront, le dirigeront et l'administreront ; eux qui, pour satisfaire des intérêts de catégorie ou l'ambition de la hiérarchie militaire, l'enverront subjuguer les peuples exotiques et conquérir leurs territoires, en identifiant leurs intérêts et leurs sentiments de catégorie privilégiée avec ceux de la grandeur et de la prospérité nationales. Un peuple n'entre pas de plain-pied, corps et biens, en régime démocratique : avant d'y appartenir à tous, la souveraineté effective revient d'abord à ceux qui étaient déjà auparavant pourvus de savoir et d'argent. Or, avant l'établissement de la démocratie, le savoir était, sauf exceptions, à la portée seulement de ceux qui possédaient l'argent ; c'est donc nécessairement cette classe, c'est-à-dire la bourgeoisie, qui exerce à peu près seule la souveraineté et en recueille les avantages les plus immédiats et les plus solides.

Si bien qu'alors même que, comme chez nous, la démocratie délègue au pouvoir politique ses plus authentiques représentants et les plus sincères en leur dessein de réalisation progressive du régime nouveau, ces élus de la démocratie sont encore en grande majorité des membres de la classe pourvue. Cependant, ce ne sont plus les grands propriétaires et industriels, ni les puissances du négoce et de la banque qui se partagent les fonctions du pouvoir : c'est la classe moyenne. Inépuisable réservoir des professions dites libérales — ce mot définit expressivement par prétérition le caractère servile attribué encore aux professions manuelles ou directement productives — la petite bourgeoisie ajoute à son maigre revenu l'indemnité du député ou sénateur, le traitement du haut fonctionnaire, de l'officier supérieur, du professeur de faculté. Et il s'engage autour du pouvoir de véritables guerres de clan beaucoup plus que des compétitions de partis politiques, chaque parti étant une association plus ou moins ouverte, car il y a des primes à la défection, pour l'exploitation du revenu public. De là une politique de clientèle qui introduit dans les rangs de l'administration publique, afin de conduire nos affaires, des gens qui se reconnaissent ainsi incapables de conduire les leurs propres, puisqu'ils n'ont pas osé affronter la lutte dans le négoce, l'industrie ou les professions libérales.

Et de même que, dans l'armée, le soldat ne trouve plus de bâton de maréchal dans sa giberne, le fonctionnaire de bas rang demeure enfermé dans sa catégorie. Au régiment, car la démocratie veut tout de même que tous y passent, son officier, sorti des écoles, était Pierre aîné ; dans l'administration, son chef de bureau ou son ingénieur est Pierre cadet. S'il était instituteur, son inspecteur ou son recteur d'académie se trouverait sans miracle être Pierre junior. Leur père est député, leur oncle président de tribunal, et leurs cousins sont dans la diplomatie. L'État réel, le souverain effectif se compose ainsi de dynasties fonctionnaires spécialisées ou éparpillées dans tous les services publics. Finalement Jacques Bonhomme fonctionnaire est tout autant Jacques Bonhomme dans l'État, dont il est un rouage inférieur, que dans le commerce ou l'industrie, dont il est un agent subordonné.

Ces fonctionnaires subalternes doivent pour un grand nombre leur emploi à la protection des élus de la démocratie, des représentants du souverain, c'est-à-dire pour à peu près tous les emplois qui ne se donnent pas au concours. Mais, entrés au service de l'État, ils aperçoivent bien vite que la démocratie ne règne pas dans l'administration, dont la hiérarchie d'inégalité et d'autorité n'est pas seulement fonction de division du travail, mais survivance de l'ancien régime au cœur même de l'État démocratique. Pour mieux le leur rappeler, l'avancement au choix dans leur modeste cadre ne se fera que trop souvent sous la pression d'influences parlementaires, sans égard à la valeur ou à l'ancienneté des services rendus. Pour eux, l'État, ce n'est pas l'ensemble des services publics, mais le groupe d'hommes qui dirigent ces services ; pour eux, le souverain ce n'est pas l'ensemble des citoyens, mais le député ou le sénateur influent qui règle l'avancement à son arbitraire, au profit de ceux qui, par eux-mêmes ou par leur famille, sont de son clan électoral.

Pour défendre leurs droits de fonctionnaires, c'est-à-dire en dernière analyse leurs moyens d'existence, ces salariés inférieurs, à l'exemple des salariés du commerce et de l'industrie, recourent au syndicat, c'est-à-dire à l'association entre semblables pour la défense d'intérêts communs. En réalité, ce n'est pas contre l'État-patron que la plèbe fonctionnaire tente de s'organiser : c'est contre le régime des classes aggravé de favoritisme et de népotisme, d'asservissement de toute la personne du fonctionnaire soumise, même en dehors de la fonction, à la tyrannie des influences politiques. C'est pour n'être plus astreints à être les agents électoraux de partis dont ils ne partagent ni les idées ni les espérances, c'est pour avoir leur plein exercice du droit de citoyen, la fonction publique étant loyalement remplie, que les instituteurs et les cantonniers, les facteurs, tous les petits fonctionnaires se syndiquent et se fédèrent. Ils défendent ainsi à la fois leurs intérêts professionnels et la portion de souveraineté que leur qualité d'agents d'un service public ne peut leur enlever.

Le syndicat de fonctionnaires compte encore beaucoup d'adversaires parmi les représentants de la démocratie, dont la plupart n'ont pu voir sans scandale, aux élections dernières, un simple professeur disputer son siège de député au ministre de l'instruction publique. Un double préjugé, autant qu'une notion erronée de leur véritable intérêt, fausse encore leur vue sur ce point ; d'une part ils ne peuvent admettre que l'État-patron, représentant du peuple souverain, voie se dresser en face de lui en catégorie opposée l'ensemble de ses salariés ; d'autre part, le simplisme démocratique les abusant, ils veulent au service de l'État le fonctionnaire tout entier. Leur conformisme, ici, se pare de loyalisme pour exiger de lui, en dehors de sa tâche, une attitude, des opinions et des actes qui le subordonnent en tout à l'État, c'est-à-dire en dernier ressort à eux-mêmes. Ils admettent la division du travail et des fonctions dans la société, mais ils ne l'admettent pas encore dans l'individu ; et cependant ils pousseront les hauts cris s'ils apprennent qu'un fermier ou un industriel a contraint ses ouvriers à voter pour son candidat sous peine de renvoi.

Ce mouvement d'association ne s'arrêtera pas, cependant, et les représentants de la démocratie doivent déjà composer avec lui. Déjà certaines catégories de fonctionnaires ont conquis le droit syndical, et d'autres l'exercent en réalité sous le couvert d'associations absolument légales. Il n'est pas jusqu'à des magistrats qui n'aient manifesté le désir d'entrer en association pour lutter contre l'arbitraire qui règle l'avancement. C'est dire que rien, à présent, ne pourra empêcher le surgissement et la généralisation de ce phénomène nouveau : les services publics échappant par le syndicat au régime ancien et se reformant sur le plan de la démocratie.

Certes, on peut craindre, alors, que l'État passe des mains d'une catégorie de la classe moyenne dans celles d'une catégorie de la classe ouvrière, mais le danger n'est pas dans la subversion que le régime démocratique peut introduire dans les services publics ; car il y a certaines fonctions publiques nettement catégorisées et auxquelles ne peuvent et ne pourront jamais prétendre que les individus reconnus aptes par le concours ou l'examen, ce qui laisse sauve la hiérarchie tout en la dépouillant de ce qui n'est pas fonction spécifique de division du travail. Le danger est ailleurs : il est dans une plus grande homogénéité de la démocratie fonctionnaire devenant l'État, disposant de son budget et despotisant à l'occurrence le peuple des contribuables et des administrés.

Mais la démocratie, désormais exprimée par l'association, et par elle élevant la société tout entière à la fonction d'association politique en réalisation finale du contrat social, peut conjurer ce danger, par les transformations mêmes que le régime d'association introduit dans le mécanisme de l'État. Les services publics, alors, décentralisés selon le lieu et selon la catégorie, peuvent être organisés et assurés par les associations de fonctionnaires sous le contrôle des associations multiples, dont la totalisation devient une représentation éclairée et compétente, en même temps qu'une équilibration de tous les intérêts. Le citoyen tout-le-monde, alors, saura se défendre contre tout empiètement sur sa souveraineté, dont l'association lui aura enfin assuré la réalité dans l'État transformé et désormais contrôlé avec autant de vigilance que de compétence.

VII. — LE FÉDÉRALISME SOCIAL PAR L'ASSOCIATION

Une si profonde transformation de l'État et de ses rapports avec tous et avec chacun ne pourra s'accomplir sans que s'accomplissent en même temps des modifications dans la structure et le fonctionnement des partis politiques. On ne peut espérer voir cesser l'éternelle opposition de ceux qui regrettent le passé et de ceux qui aspirent à réaliser l'avenir ; cependant on peut déjà observer que les partis conservateurs de notre pays, du fait qu'ils se meuvent dans un milieu où se développe de plus en plus l'institution démocratique, sont contraints de chercher leur but par les moyens de la démocratie et en se déclarant attachés à ses principes fondamentaux. Leurs théoriciens, certes, ne désespèrent pas encore de ruiner ces principes, en essayant de démontrer avec un imposant appareil scientifique qu'ils expriment des concepts de raison pure et non des phénomènes organiques patiemment élaborés par la race ou par la nation au cours des siècles. Mais l'œuvre commencée par la Déclaration des droits de l'homme n'en reçoit pas moins l'adhésion formelle, c'est-à-dire verbale, de tous les conservateurs politiques et sociaux. Leur prétendant lui-même, dernier anneau d'une chaîne dynastique neuf fois séculaire, est forcé de proclamer qu'il sera le roi de la démocratie, tandis que de leur côté les représentants des partis d'autorité affirment bien haut leur libéralisme.

Encore un peu de temps, donc, encore quelques échecs politiques, encore quelques progrès de la culture démocratique générale dans la nation, et le conservatisme politique et social ne pourra plus s'attacher qu'au maintien de ce qui est, sans espoir de rétrogradation vers ce qui fut. Dès lors, le conformisme philosophique, religieux et social encore dominant dans les partis politiques actuels s'atténuera, et finalement disparaîtra. Les partis politiques ne représenteront plus, comme à présent, des moments historiques et des régimes sociaux et politiques homogènes et complets, la conquête de l'État par un parti n'étant plus possible ni même désirable, ramené qu'il sera, par l'association du dehors et par l'association du dedans, à être l'instrument juridique de tous, pour tous et par tous. Le développement de la vie communale et la décentralisation administrative de lieu et de catégorie feront le reste.

Ne voyons-nous pas déjà la commune, dont les attributions sont essentiellement des services publics, se transformer de plus en plus en association réelle ? A mesure, en effet, qu'elle développe ses services d'hygiène, de transports, d'éclairage, elle se transforme en une coopérative de production et de consommation dont tous les habitants sont des membres participants. Il est remarquable que la commune, née des corporations de métiers, dont elle fut à l'origine l'expression fédérative, revienne naturellement et par la force des choses, par ce qu'on appelle le socialisme municipal, à un état d'association pure.

Nous croyons avoir démontré que le fédéralisme social est l'aboutissement inévitable d'une démocratie divisant ses fonctions dans l'individu même et les confiant à l'association. Il est fort probable que, lorsque ce régime sera parvenu à un certain degré d'achèvement, les désirs de modification ou de maintien du statut politique et social ne pourront pas plus s'exprimer par des partis politiques qu'être réalisés par des corps politiques simples et omnifaisants comme nos parlements. Déjà, dans ces parlements, les partis sont si peu aptes à exprimer par eux-mêmes tous les besoins et tous les vœux des citoyens dans leur diversité catégorique, qu'ils sont contraints de laisser leurs membres s'associer en dehors de leur cadre pour donner satisfaction à des besoins de catégorie ou de région. C'est ainsi qu'il se forme, en dehors des partis, des groupes agricole, maritime, protectionniste, libre-échangiste, de réforme judiciaire, etc., composés de membres des partis les plus opposés.

N'est-ce pas en dehors des partis politiques, et parfois contre eux, que des hommes politiques, des savants, des écrivains, ont remonté un formidable courant d'opinion et imposé aux pouvoirs publics la revision du procès Dreyfus ? Et si les partis d'avant-garde politique et sociale ont moins que les autres marchandé leur adhésion, s'ils ont fourni les premiers et les plus forts contingents à la cause de la vérité et de la justice, c'est d'abord parce qu'ils étaient plus que les autres libérés des préjugés sociaux, et ensuite parce qu'ils voyaient dans l'Affaire un excellent instrument de combat contre ces préjugés mêmes et les institutions qu'ils conservent.

Le régime d'association ayant modifié la structure de l'État, et nous avons vu que cette modification n'est pas une opération de l'esprit, mais un phénomène déjà observable dans ses éléments constitutifs et dont la direction vers ce but est également observable, il est à peu près certain que les modifications que nous venons de noter dans le classement parlementaire ne pourront que se généraliser. Il est donc permis d'augurer sans témérité la transformation des organes chargés de l'élaboration des lois, et de concevoir les parlements de l'avenir comme représentation de toutes les catégories sociales, de tous les modes d'activité sociale exprimés par l'association. Dès lors, dans les parlements comme au dehors, il est de toute évidence que les partis n'auraient plus aucune raison d'être et qu'ils disparaîtraient devant des formes multiples d'associations limitées dans l'espace à un objet unique et dans le temps à la conquête de cet objet.

Sera-ce la paix finale dans la société et dans l'État? Sera-ce l'unité morale, rêve caressé par tous les théoriciens du définitif et de l'absolu ? Non, mais un état organique de lutte et d'association, en conformité même avec la nature éternelle, qui jamais ne cesse d'associer, et jamais ne se lasse d'opposer. Tout individu en possession de la faculté de délibérer ses motifs n'est-il pas lui-même un terrain de lutte ? L'association, dont c'est un des plus principaux mérites d'enlever l'individu à l'inerte homogénéité mentale qui fait de ses gestes les dociles agents de l'impulsion intérieure et des pressions extérieures, n'est-elle pas, elle aussi, un terrain de lutte et de délibération ? Pourquoi en serait-il autrement de la société devenue un total d'associations dont chacune poursuit ses fins propres par fédération, échange ou conflit avec toutes les autres, et permet ainsi à chacun de ses membres de signer des contrats particuliers de réciprocité et le contrat social, également de réciprocité, qui les contient et les sanctionne ?

Dans un tel cadre social, le socialisme est nécessairement inclus, en même temps que dépouillé de tous les caractères de contrainte collective et de limitation individuelle que sa conquête projetée des pouvoirs publics lui aurait fatalement donnés. Nul de ses moyens immédiats et lointains de réalisation ne lui est interdit, au contraire, par le développement du fédéralisme social dont les éléments constitutifs nous apparaissent déjà en mouvement de convergence. Ces éléments mêmes sont les siens, par la fédération syndicale, coopérative, politique, où se manifestent les divers modes convergents et solidaires de son activité. C'est pour lui que se font les contrats collectifs de travail et que s'élabore le droit collectif, unique garant possible du droit individuel ; pour lui que le système coopératif ruine pratiquement les théories de la rente et du profit par l'institution progressive du crédit gratuit et de l'assurance mutuelle ; pour lui que la commune tend à une plus grande autonomie administrative, qui lui permettra de gérer directement, ou de les confier à l'association, ses services publics d'hygiène, d'enseignement, de transports, d'éclairage, etc. ; pour lui que, par des lois sur l'héritage, par des lois créatrices de la liberté réelle de l'individu encore subordonné économiquement, par la taxation des revenus qui dépassent le nécessaire, par la socialisation progressive des industries constituées en monopoles particuliers, l'État se transforme lui-même sur le plan de l'association.

De ce que tous les phénomènes sociaux manifestent avec évidence une tendance générale vers une transformation dans le sens indiqué plus haut, s'ensuit-il que le fédéralisme social se réalisera de lui-même et par la seule force des choses? Ce serait d'un bien puéril et pernicieux fatalisme que de le croire, car c'est le domaine de l'activité volontaire et réfléchie qui s'ouvre ici devant nous. Ce n'est qu'en faisant acte de volonté réfléchie et concertée que nous y entrerons, ou plutôt que nous le créerons. Notre création sera donc à notre mesure, et elle nous donnera d'autant plus de joie que nous aurons davantage senti la peine de l'effort.

CONCLUSION

Le but du socialisme est d'achever la démocratie par la réalisation du contrat social. Comme il n'est de contrat possible qu'entre individus libres et égaux, c'est-à-dire également pourvus des moyens matériels et intellectuels de leur liberté, ce but ne peut être atteint que par la transformation en association contractuelle de la société naturelle, étagée en classes qui communiquent et échangent encore au minimun, les supérieures recevant plus qu'elles ne donnent, et les inférieures donnant plus qu'elles ne reçoivent.

Le parlementarisme et le suffrage universel permettent bien aux citoyens de réaliser le contrat politique, mais seulement d'une manière incomplète ; le referendum et les modes les plus démocratiques de gouvernement direct ne le permettent pas davantage. Même lorsque ces moyens sont employés à corriger les inégalités économiques et sociales les plus criantes, du fait même qu'ils sont insuffisants à les faire disparaître, le contrat politique ne peut se réaliser pleinement ; et la démocratie est cahotée entre la licence et la tyrannie, déchirée par les démagogues et les césariens, dans une perpétuelle contradiction de la liberté et de l'autorité.

Un recours des déshérités à la violence libératrice ne résoudrait pas cette contradiction, ne ferait pas apparaître l'égalité, sinon dans une détresse commune, génératrice de nouveaux déchirements. La violence ne peut être que destructive lorsqu'elle n'est que la force matérielle dans son aveugle faiblesse, et non la poussée d'un monde adulte, pourvu de ses organes essentiels, jetant bas les façades caduques et brisant les cadres vermoulus qui paralysent son développement normal.

D'autre part, la société est quelque chose de trop complexe et de trop divers pour constituer une association unique contenant toutes les activités de production et de répartition en même temps que tous les autres modes de l'activité humaine. Eût-il l'adhésion de l'unanimité des citoyens, nul décret politique ne pourrait accomplir un tel miracle, d'ailleurs peu désirable, sans ramener à l'état le plus rudimentaire la société et ses multiples organes, l'individu et l'infinie variété de ses besoins et de ses sentiments.

Le problème consistait donc à chercher si la démocratie totale, c'est-à-dire la réalité du contrat social, ne peut être obtenue autrement que par les procédés classiques auxquels recourent les partis selon qu'ils se fondent sur les Droits de l'homme ou sur la concentration capitaliste. Il ne s'agissait pas d'éliminer ces procédés, d'ailleurs, mais de reconnaître la valeur de phénomènes dont ils ne tenaient pas suffisamment compte, et de montrer que ces facteurs nouveaux d'évolution progressive sont précisément ceux par lesquels se réalisera le contrat social.

L'association entre semblables n'est pas nouvelle.

Mais ce qui est nouveau, c'est le caractère qu'elle revêt à mesure qu'elle se développe et se perfectionne dans une société qui se fonde de plus en plus sur la division du travail et l'échange des services. Ce caractère, d'autres l'ont aperçu avant moi ; mais, dominés et entraînés par un aussi vaste objet, ils lui ont sacrifié tous les autres moyens par lesquels l'humanité cherche à se faire un destin meilleur et moins précaire. De Fourier à M. de Molinari, d'Herbert Spencer à Kropotkine, tous les théoriciens de l'association et de l'individualisme n'ont vu qu'elle et l'individu. D'autres, comme Saint-Simon, donnaient tout à l'association et rien à l'individu. D'autres encore, comme Proudhon, offraient l'association à l'individu, mais en le mettant si bien en garde contre les maux réels et imaginaires aperçus en elle, que l'individu n'était nullement tenté d'y recourir. C'était là, en somme, une réaction nécessaire contre les théoriciens qui, de Jean-Jacques Rousseau à Louis Blanc, de Hegel à Karl Marx lui-même, faisaient de l'État et de ses organes les uniques moyens de liberté et d'égalité pour les membres du corps social.

Les théories s'opposaient parce qu'elles étaient toutes fondées sur une perception limitée du vaste mouvement des choses et des idées. Mais du fait qu'elles étaient toutes justifiées en partie par les progrès qui se réalisaient dans l'ordre politique, dans l'ordre économique et dans l'ordre social, les esprits libérés de tout système constataient avec plus de clarté que ces progrès se déterminaient mutuellement. Ainsi se conciliaient en ébauche de synthèse générale les contradictions théoriques qui ont fait tant de bruit, et quelque besogne aussi, au cours du siècle qui vient de s'achever : le contrat social et la tradition, le rationalisme social et le matérialisme historique, le solidarisme et le libéralisme, finalement le socialisme et l'individualisme.

Le présent travail n'a pas eu pour objet de formuler cette synthèse, mais de prendre, dans le triple développement parallèle et mutuel de la démocratie, de l'industrie et de l'association, tous les motifs qui font espérer que cette synthèse pourra être construite.

Au cours même de l'année où je poursuivais cette tâche, des paroles significatives venaient m'y encourager. C'était M. Caillaux, déclarant en janvier dernier aux républicains de Nancy que « la structure sociale de l'avenir serait sans doute formée de milliers d'associations reliées entre elles par des fils multiples et entrecroisés. » C'était M. Hanotaux qui, dans un article du *Journal* du 29 octobre dernier, apercevait à travers la lutte des socialistes et des syndicalistes révolutionnaires « le groupement rationnel des aptitudes ». Ç'avait été, il y a deux ans, Albert Sorel, affirmant, dans une réunion de la Fédération des industriels et commerçants français, que, « contre les abus de l'association, il n'y avait qu'un remède : l'association elle-même ».

Ce n'étaient pas là des économistes ni des anarchistes qui parlaient ; l'un d'eux au moins était un conservateur, et tous trois des hommes d'État en théorie ou en pratique. Il fallait donc bien que, sous l'apparence d'un tumulte syndicaliste dont s'effarent tant d'esprits supposés libres, l'association eût déjà accompli une évolution suffisante pour qu'il fût possible de discerner et la place qu'elle occupe et la direction qu'elle suit. Dans ce court travail, je n'ai pas eu d'autre objet que de situer l'association dans l'ensemble social et d'indiquer à quelles conditions, réalisées déjà en partie, elle deviendra l'instrument nécessaire du contrat social de l'avenir.

Il est pour moi un fait d'évidence, heureux si je l'ai mis suffisamment en lumière : c'est que l'association est, dans la société moderne, un résultat du progrès démocratique et du progrès économique. Seule, en effet, elle les combine sans les contrarier l'un par l'autre, et j'en ai donné le plus de preuves qu'il m'a été possible. Seule, par conséquent, elle permet au citoyen et au producteur de signer le contrat politique et le contrat économique, qui sont les deux parties principales, essentielles, inséparables, du contrat social.

La nature elle-même nous révèle les lois auxquelles l'individu obéit pour durer et se développer. Ces lois sont la lutte et la coopération. La société humaine y est soumise aussi absolument que les plus humbles espèces animales et végétales ; mais elle possède seule l'inappréciable avantage de les connaître. Cette connaissance ne lui permet pas de se soustraire à leur domination, mais de les utiliser pour son bien propre, qui ne peut, dans ces conditions, être que celui de chacun des individus qui la composent.

L'association est donc à la fois, pour l'individu, un moyen de lutte et un moyen de coopération : de lutte contre les hommes et les choses qui lui sont opposés, de coopération avec les hommes qui lui sont semblables. Toute association suppose un contrat entre semblables : ce sont les conditions de ce contrat que j'ai cherché à dégager de mon mieux. Toute association lutte pour vivre et se développer : ce sont les conditions réalistes de cette lutte que je me suis efforcé, à l'aide de faits nombreux, de montrer sous leur véritable jour, c'est-à-dire à l'état de tendance vers une équilibration de tous les intérêts dans une société fondée uniquement sur l'égal échange des services entre tous ses membres.

Pour que l'association tienne les promesses qu'elle contient, il est nécessaire qu'elle soit elle-même fondée sur un statut de liberté, d'égalité et de réciprocité entre tous ses membres, et qu'elle assure le même statut aux individus contre lesquels elle lutte, non pour les anéantir ou se les subordonner, mais pour les incorporer ou pour les contraindre à s'associer dans leur catégorie, afin de pouvoir contracter avec eux. Il est donc également nécessaire, et même plus encore, que l'association se limite à son objet propre, et n'engage l'individu que pour cet objet.

Aussi ai-je insisté sur cette double nécessité, et je crois avoir prouvé que seules se développent les associations qui, à travers mille apparences contraires, se dirigent vers la liberté, l'égalité et la réciprocité, sous la loi de la division du travail. C'est l'ensemble de toutes ces associations fédérées par-dessus les frontières politiques et géographiques, résolvant leurs conflits respectifs par des contrats de réciprocité et s'appliquant ainsi à exprimer tous les modes de l'activité individuelle, c'est cet ensemble qui est destiné à porter au maximum la valeur intellectuelle, morale et sociale de l'individu, tout en le liant au minimum à chacune des associations de catégorie auxquelles il s'incorpore.

Il ne me restait plus alors qu'à montrer l'action transformatrice exercée sur l'État par les modes nouveaux de l'action collective en fonction de division du travail. Sous cette action, pour la démonstration de laquelle les événements politiques et sociaux du moment ne m'ont donné que l'embarras du choix, il apparaît avec clarté que l'État devient la chose publique, cesse d'être celle d'une classe ou d'une catégorie sociale en possession de la richesse et du savoir. Entre lui et nous, désormais, il y aura de plus en plus les multiples associations économiques, politiques et morales auxquelles nos besoins, nos sentiments et nos idées nous portent à donner une adhésion limitée dans le temps, dans l'espace et dans l'espèce, par conséquent une dépense et une aliénation de nous-mêmes réduites au minimum. L'État, qui fut notre maître par les classes qui le possédèrent, devient ainsi le gardien de nos contrats particuliers, le notaire public.

L'individu peut alors être réellement un membre actif de la cité, et délibérer le contrat social, contrat perpétuellement revisable dans le sens d'une liberté plus élargie, d'une égalité plus complète et d'une solidarité plus efficace.

FIN

TABLE DES MATIÈRES

CHAPITRE III. — Les limites de l'Association.

CHAPITRE IV. — Le développement de l'Association.

CHAPITRE V. — L'Association et l'État.

CHARTRES. — IMPRIMERIE DURAND, RUE FULBERT.

www.ingramcontent.com/pod-product-compliance
Ingram Content Group UK Ltd.
Pitfield, Milton Keynes, MK11 3LW, UK
UKHW012203240726
13966UKWH00002B/550